JN297155

差別用語を見直す

マスコミ界・差別用語最前線

江上 茂

花伝社

差別用語を見直す――マスコミ界・差別用語最前線◆目次

1 忠臣蔵のキーワード——「片手落ち」は果たして差別用語か

公儀の「片手落ち」

1999年は、忠臣蔵で幕が開いた。テレビ東京系が1月2日、一二時間のワイドドラマ『赤穂浪士』を放送、NHKも1月10日から一年間の大河ドラマ『元禄繚乱』を開始した。

テレビ東京・東映製作の『赤穂浪士』は、原作・大佛次郎、脚本・高田宏次ほか。主役の大石内蔵助は松方弘樹、吉良上野介は田村高広で、蜘蛛の陣十郎（中村嘉葎雄）という不思議な盗賊をからませた筋書きなど、おおむね原作どおりに作られていた。

ご存じ「忠臣蔵」のキーワードは、公儀の「片手落ち」の処置と、それに対する義士たちの長い「忍耐」である。とりわけ事件の発端がその後のいくたの波乱と忍耐のドラマを支えつづけるカギとなっている。現代風に表現すれば、幕府の不平等・不公平な処置となるのだろうが、時代劇とした場合、「片手落ち」という表現がまさにぴったりなのである。大佛次郎の原作『赤穂浪士』はもとより、南條範夫の『元禄太平記』、森村誠一の『忠臣蔵』等々、いずれの作品をとっても「片手落ち」の御措置、御仕置、沙汰などの表現で貫かれている。

つまり、三〇〇年にわたって日本人を魅了してきた「忠臣蔵」は、キーワード「片手落ち」を抜きには語れないほどに国民的合意が形成されてきた、といっても過言ではない。

ちなみに、テレビ東京では94年12月にも58年大映作品『忠臣蔵』（長谷川一夫が内蔵助役）を放送したが、「片手落ち」の表現が数ヵ所あったものの、この時はカットせずそのまま放送している。

幕府の「片落ち」？

ここで、この表現に関する私たち（用語問題取材班）の考えを明らかにしておくと、「片手落ち」は「片手・落ち」ではなく「片・手落ち」であり、身体障害者に対する「差別用語」では決してないということである。この語を規制する人たちは、障害者の中に「不快に思う人」がいるのではないかということを理由にあげるが、だから使うのをやめようという安易な短絡思考で「ことば狩り」が行われることには反対である。多くの人たちが不快感を持つことばは変えられていってもやむを得ないが、ただカゲにおびえるようなことはすべきでないと考える。

まして忠臣蔵との関連では、前述のように名だたる作家たちが、すべて「片手落ち」をキーワードに使っていることを考えると、もっと厳密にこのことばにこだわるべきだろう。ところが最近では、そうしたこだわりがなくなり、テレビの世界では「片手落ち」に一切「触れない」手法がまかり通っているのである。

そのことを、正月のテレビ東京系一二時間ドラマで検証してみると、視聴者が心の中で「片手落ち」だと思っても、セリフでは一切、このことばは出てこない。

関係者の話を総合すると、①原作にある「片手落ち」の表現を使うのが常道だが、最近では差別的表現という抗議を受ける心配がある、②かといって「片落ち」などという、かつてNHKがやって物議をかもした言い換えをするのも気に入らない、③そうであるなら、このことばを一切使わない手法を考えようということになった、という。新しい形の自己規制である。

ここで、NHKの「片落ち」事件（82年4月18日）をふり返っておこう。忠臣蔵を扱った82年の大河ドラマ『峠の群像』（堺屋太一脚本・原作）では、当初「片手落ち」でいくことになっていたが、その放送直前に教育テレビのトーク番組で「片手落ち」の発言があり、「障害者差別である」という抗議が寄せられた。そこで急遽言い換えを検討した結果、ほぼ同じ意味を持つ「片落ち」を〝発見〟して使ったというもので、われわれの取材で初めて明らかになったといういわく因縁がある。後日出版された小説『峠の群像』では、「いかにも一方的だ」と、味も素っ気もない表現へと、さらに換えられていた。

再び「片落ち」のご裁断

では、大河ドラマ『元禄繚乱』はどうしたか。原作は舟橋聖一の『新・忠臣蔵』（56年4月〜61年7月毎日新聞連載、98年3月文春文庫刊）であるが、この原作本では、第二巻（文春文庫本）その三「麻のかみしも」から、その八「吉日凶日」までの間に、「片手落ちの非難」「あまりに片手落ちのお仕置」「片手落ちのなされ方とて……」「喧嘩は両成敗と聞いて居ります。大樹家の掟にも、喧嘩の片手落ちは厳に戒めてあるとやら……」「吉良には何ンのお咎《とがめ》もない。不公平だ……それは、無学な市井の素町人の目にも、すぐわかる片手落ちである……」と五回にわたって「片手落ち」が出てくる。まさに幕府の「全手落ち」といわんばかりなのだ。

ところが大河ドラマ『元禄繚乱』の「刃傷松の廊下」編（99年5月16日放送）では、またも「片落ち」の裁断となった。浅野内匠頭の処分を決める緊急重臣会議のやりとりは次のようになっている。

仙石伯耆守（大目付＝滝田栄）「お怒りはごもっともなこと。さりながら、それがし役目上吉良殿にご裁断を申し渡しましたなれど、いささか不審。吉良殿に何のおとがめもなきは、あまりに片落ちでござりませぬか」
柳沢保明（将軍の側用人＝村上弘明）「ならば上野介にも仕置きせよと」
仙石伯耆守「いまここで性急に事を決めず、充分吟味した上でお仕置きあるべきであると申しておるのでござりまする。大名には大名の取り扱いがござるはず、内匠頭殿には外様の雄藩、芸州浅野の本家四二万石が後に控えてござりまする。あまりにお手軽なお仕置きをなされば、他の大名の手前恥ずかしゅうござりまする」
柳沢保明「そこまで申すか仙石……ひかえおれッ！」
仙石伯耆守「はあッ」

なぜ原作を変えてまで

そこまでＮＨＫが固執する「片落ち」は、それほどありふれた表現だろうか、調べてみると、小さな辞書にはないが、大きな辞書にはたしかに載っている。

『大辞林』（三省堂）では、〈一（名）①一方が欠け落ちたり切り落とされたりした、残りの部分。②日歩の利息計算で、預け入れまたは貸し出し期間の最初の日か最後の日の一方に利息をつけないこと。片端落とし。片落とし。二（名・形動ナリ）一方に片寄って釣り合いがとれないこと。また、そのさま。不公平。片手落ち。〉

また『広辞苑』第四版（岩波書店）では、〈①一方が欠け落ちて、平均を失うこと。②一方をひいきすること。かたておち。③預金または貸出しの利息計算に際して、預入・貸出の日または支払の月の一方に利息を付けない

こと。片端落とし。〉

そして、いずれの辞書も「其様な片落ちな事が有る物で御ざるか」（狂言『鈍太郎』）と、古い用例を紹介している。したがって、確かに古くは「一方的」の意で「片落ち」の表現が使われていたことはうかがえる。

しかし、問題は、史実としての浅野内匠頭刃傷事件（１７０１年）で、ときの大目付や目付がこの表現を使ったという確証があるかということである。もし、あるのならＮＨＫに脱帽するしかないが。忠臣蔵の原典である竹田出雲らの合作、人形浄瑠璃『仮名手本忠臣蔵』（１７４８年竹本座初演）の台本には、問題の表現に関係した記述は一切ない。そうであればなおのこと、舟橋聖一原作『新・忠臣蔵』の表現を採用するのが自然ではないか。ＮＨＫが「片手落ち」を禁句にすれば、影響力が大きいだけに、この表現は死語になってしまうかもしれないのである。

共著『実録四十七士』も

もうひとつ「片落ち」について触れておこう。「忠臣蔵」本のひとつに、『実録四十七士・元禄赤穂事件の全貌』という学研の94年12月初版発行の本がある。この本は94年の映画『四十七人の刺客』(市川崑監督、東映作品)や『忠臣蔵外伝四谷怪談』（深作欣二監督、松竹作品）にあやかってマニア向けに出されたもので、面白い参考書である。『実録四十七士』はたくさんのライターたちがテーマごとに分担して書き上げ、編集長（小池徹郎）がまとめる形式をとっているが、こと幕府の「片手落ち」関連の用語に関しては、各署名入り文章のすべてが見事に「片落ち」に統一され、奇異な感じがする。たとえば、冒頭の「仇討絵巻」の解説では「武家の世界には『喧嘩両成敗《けんかりょうせいばい》』という法が中世からある。この法に照らせば、幕府のこの処分は、片落ちではないのか。それが禍根となって、のちに赤穂の『復讐四十七士』は立つ」（文＝渡辺誠）とあり、落首紹介の一文では「浅野だけが『即日切腹』というのは片落ちだ、ともっぱらだった。民衆は腹をたてていた」（文＝杉川幸三）となっている。

すべての執筆者が「片落ち」こそ正しいと信じて使っているのならいざしらず、学研の編集部が勝手に直したのだとしたら、いささか問題である。

出版界一〇〇〇余名の判断は……

ところで、大手の出版社三九社でつくる「出版・人権差別問題懇談会」（以下「出人懇」）という組織が、98年春、「差別表現についてのアンケート」という大がかりな調査を行い、四〇のきわどい表現について編集者の考えを具体的に聞いた。そして、このアンケート調査をもとに、98年7月15日、東京でシンポジウムを開き、意見を交換した。

これまで、差別表現をめぐって多くの論議がなされているが、新聞も放送も出版も含め、マスメディアで働く編集・編成・制作の担当者たちが、どういう判断で日常的にこの問題に対処しているかを広範囲に、系統的に調査したことはほとんどない。わずかに、日本ペンクラブが95年3月、一〇〇人を超す表現者（会員）に対して、差別表現規制の実態についてアンケート調査を行ったのが目につく程度である。この件は、日本ペンクラブ編『差別表現を考える』（光文社95年10月刊）を参照していただきたい。

抗議や糾弾と謝罪ないしは訂正という、いわば〝戦闘状態〟の中で、社として不名誉ないしはあまりおおっぴらにしたくないというメディア側の感覚から、ことは内々に処理されがちだった。そして、防戦一方の中で、ひたすらエラーをさそわない知恵として、「禁句集」という姑息な手段が発達していった。自己防衛のための「自主規制」、ひいては自己検閲である。出人懇の調査はこの核心部分にまで踏みこんで、編集者の本音をさぐろうとした。その意味でたいへん貴重な調査といえる。

アンケートに参加したのは文藝春秋、小学館、新潮社、講談社、岩波書店、角川書店、中央公論、筑摩書房、集英社、ベネッセコーポレーションなどの主な出版社とＮＨＫ出版、毎日新聞出版局、読売新聞出版局なども合わせ三一社、回答は編集責任者や管理職の人たちを中心に合計一〇四四人に上った。そして、その質問項目のひとつに次の設問があった。

吉良に構いなく、浅野は即日切腹。誰の目にも片手落ちの沙汰は平和主義綱吉の怒りから出た。

回答は「問題あり」「問題なし」の二者択一で、それぞれに意見があればつけ加える形がとられていたが、この表現についての編集者の考え方は、問題なし　三一〇（30％）、問題あり　七〇八（70％）だった。

そして、シンポジウムではパネリストと司会者の間で次のようなやりとりがあった。

「語源的に差別ではないのは明白だが、問題は語源云々ではなしに、少なくともこの文脈でみる限り、身障者のことに触れているわけではないし、差別的ニュアンスはないと思う。本来問題のない表現を安易に言い換えていいのかを問いたい。活字でメシを食っている私たちが、無批判にそういうことをしていいのか」

「出題側は問題ナシということで設問されたのでしょうが、私は議論の分かれるところだと思う。私の基本的スタンスは〝社会的弱者に対して寛大であれ〟であり、少しでも痛みを感じる人がいると想定されるなら、表現を換えるべきである。この場合なにも片手落ちにする必要はないし、不公平なとか、偏ったでいいと思う。いまでもこの問題が私のところへ持ち込まれれば直します」

「このアンケートを実施する時から、差別表現か否かという線引きは不可能と考えてきたが、いまお二人の意見で実感したと思います。お二人の社は出版物のタイプが似ているという話がありますが、それでもこれだけ意見が違う。実は私も数年前『手落ち』の表現で抗議の手紙を貰った。文脈の前後には一切障害者を匂わすことはないし、『手』とはどう考えても『方策』『手段』しか取りようがないのに抗議された。返事を書いたらそれっきりです」

「五年前に所ジョージを使ったテレビCMで三洋電機の『テブラコード』というコードレス電話を扱ったものがあり、袋詰めになっている画面から、手のない人を連想させるというので抗議を受け、テレビから消えていったことがあった。この時『広告批評』の天野祐吉さんが『ただ一般論で言えば、誰ひとりとして不快感を持たない表現なんてこの世に存在するんでしょうか。人権への配慮と表現の豊かさをどう両立させるかを考えないと……』と述べていたが、私はこのことばが非常に印象に残っている」

このほか、アンケート回答者の意見としては、「過剰反応であり、これが問題なら、片手間、手みじか、私の片腕、足切り、打つ手がないなどはどうなるのか」などの意見があった。みなさんは、どんな意見をお持ちだろうか。

2
『ジャングル大帝』絶版要求と『ちびくろサンボ』絶版事件

一通の内容証明付郵便が……

故・手塚治虫氏の代表作のひとつといわれる長編漫画『ジャングル大帝』は、90年秋以降、内外から「黒人差別の表現がある」として改訂ないしは絶版にするよう要求されていたが、手塚治虫全集を出している講談社は、92年3月発売分から「読者の皆さまへ」という〝お断り〟を本にはさみ込んで刊行を続けることにした。

『ジャングル大帝』は手塚氏の初期の作品で、学童社の『漫画少年』に１９５０年11月から54年4月まで、三年半にわたって連載された。以降、講談社の全集版まで、八回も単行本化され、65年にはフジテレビのアニメ番組（虫プロダクション製作）にもなり、そのあとアメリカNBCテレビでも放送されている。

赤道直下アフリカ中部のナイル川源流地帯のジャングルがこの漫画の主な舞台で、そこに棲んでいる「レオ」とその父「パンジャ」の父子二代の〝白いライオン〟の歴史と運命を描いた大河ドラマである。

草原獣であるライオンは、決してジャングルには棲まないが、ここでは例外として森に棲む動物たち全体を守る王者として描かれている。全体を通じて、正義と悪、自然のきびしさや神秘、弱者への愛、敵に立ち向かうレオの勇敢さ、自己犠牲などがこどものロマンをかきたてる。ことにレオは人間になつき、人間語を話し、人間以上にヒューマニズムあふれるキャラクターとして描かれている。

批評家の中には、レオがジャングルの動物たちに人間文化（白人や日本人）への同化を教えることや、その反面、原住民の黒人たちを無知で攻撃的なターザン映画のイメージで描いているとして、「それほどの傑作と認めない」人もいる（講談社『手塚治虫』の著者、桜井哲夫氏）。

その『ジャングル大帝』を〝差別につながる〟として最初に抗議したのは「黒人差別をなくす会」（大阪府堺市、有田利二氏ら）という団体である。同会は90年9月、内容証明付の文書を出版社に送りつけた。

有田氏は、後に述べる『ちびくろサンボ』絶版事件のダメ押し的役割を果たした人物で、「サンボ」のあと、漫画の一斉点検を行い、黒人に対して差別性ありと判断した作品をあぶり出し、各社に「善処」を要求した。その中に『ジャングル大帝』も含まれていたのである。

『ジャングル大帝』には、たしかに部厚い唇、フンドシや腰ミノ姿で描かれた原住民が何十ヵ所も出てくる。主役ではないとはいえ、これを消しては物語が成り立たない。かといって、絵の修正は、作者が亡くなっている（89年2月9日）以上、不可能だ。

各社が扱いに苦慮していたところへ、こんどは、アメリカの「黒人差別をなくす会米国支部」やその他の人権団体から91年秋、いくつかの手塚作品の絶版や改訂を求める手紙が各出版社に届いた（91年11月3日毎日新聞）。黒人差別につながるとされたのは、『ジャングル大帝』のほか『地球を呑む』、『やけっぱちのマリア』『鳥人大系』、『メタモルフォーゼ』などである。

最大手の講談社は、77年6月から七年かけて『手塚治虫全集』全三〇〇巻を刊行したが、その第一巻から第三巻が『ジャングル大帝』である。版権管理をしている手塚プロダクションと協議の結果、絶版や改訂には応じられないが〝読者へのお断りをはさみ込む〟という結論に達し、一時出荷を停止していた分を、92年3月から販売ルートにのせた。「読者の皆さまへ」と題した断り書きは、いくつかの手塚作品では、アフリカの黒人や東南アジアの人々を、未開発国当時の姿や過去の時代を誇張する形で描いているが、それを不快、侮辱と感じる人がいる以上、真剣に耳を傾けなければならないと思っている、としたあとで、次のように述べている。

〈しかしながら人々の特徴を誇張してパロディ化するということは、漫画のユーモアの最も重要な手法のひとつです。手塚作品では特にそれが顕著で〉また、〈筆者はつねに文明と非文明、先進国と発展途上国、権力者と弱者、金持ちと貧者、健常者と障害者など、すべての憎悪と対立は悪であるという信念を持ちつづけた人で、物語の底には強い「人間愛」が流れています。

私たちが今あえてこの『手塚治虫漫画全集』を刊行しつづけるのは、筆者がすでに故人で作品の改訂が不可能であることと、第三者が故人の作品に手を加えることは、著作者の人格権上の問題もさることながら、当該問題を考えてゆくうえでも、決して適切な処置とは思えないことと、私たちには日本の文化遺産と評価される作品を守ってゆく責務があると考えるからです。〉

『ちびくろサンボ』――社が絶版に

『ちびくろサンボ』絶版事件のキッカケは、88年7月22日付の『ワシントンポスト』東京電が「日本ではいまも、〝サンボ〟人形が売られ、デパートでは厚い唇、目をギョロつかせた黒人マネキン人形が使われている」と報じたことが米国内で話題になったことである。しかし、ここではまだ絵本は問題にされていなかった。

これだけなら、問題はそう大きくはならなかったと思われるが、折悪しく渡辺美智雄自民党政調会長の「黒人なんかは破産してもアッケラカーのカーだ」という発言（7月23日）が、火に油を注ぐ効果を果たした。そこで、サンリオ社は、日米摩擦のシンボルにされてはかなわないと即日、サンボ商品の回収や、絵本『ちびくろサンボ』の絶版を決めた。これが騒動の始まりである。

ついで、こうした記事を読んでいた前述の有田氏が、なんと親子三人だけで「黒人差別をなくす会」をつくり、8月中旬、一一の出版社へ順次手紙を送りつけた。有田氏は堺市教育委員会で同和教育に携わっていた人物だが、全体の文脈をつかんで言わんとすることを理解する、という教育の基本を無視して、漫画での黒人の描写だけにスポットを当て、ことば狩りならぬ〝かたち狩り〟を行ったのである。さらに「サンボは黒人の蔑称」「アメリカでは二〇年も前にサンボは図書館から追放された」などという学者（藤田みどり氏ら）の発言が新聞に載ったりして、これに拍車がかかり、昨日までの良書は、一転して悪書にされてしまった。

このため、88年8月中旬に学研が、12月には小学館と岩波が絶版を決め、講談社も89年中に絶版にすることを決めた。こうして、89年1月までに全一一社がサンボを葬ってしまったのである。

出版社のこのような安易な対応には、多くの批判の声が上がった。バンナーマン女史の原作の舞台はインドで、サンボは当然インド少年。トラはアフリカにはいない。また、トラが溶けてバターになるという奇想天外の結末、サンボの機知等々、これが「黒人差別」として追及されるいわれは全くなかったからである。文化人類学者今井爾郎氏によると、「ヒマラヤのグルカ地方ではサンボはごくありふれた名前」であるという（『部落』91年5月号伊藤堅二氏）。こうなると絶版狂騒曲は一体どういうことになるのか。

わずかに、「子ども文庫の会」が『ブラックサンボくん』というかわいい絵本でサンボを復活させ、また径書房が『ちびくろサンボ絶版を考える』という本を発行して、多角的な考え方とともにラインハート版の絵本を紹介している。これが「サンボ」の生き残りである。

3 『白雪姫』から『浦島太郎』まで童話・お伽噺がいま——

切身や刺身ばかり食べさせられている昨今の子どもたちは、魚にどんな骨が付いているかが思い浮かばないという。童話や昔話についても大人たちの〝解毒剤〟の効かせ過ぎで、何の薬にもならない状況が起きている。日本のある女性運動団体による童話批判運動は、現代のお伽話、というより〝怪談〟といえそうだ。

一一八点の童話・絵本を問題に

89年1月13日、大阪・堺市にある「堺市女性団体連絡協議会」(五五サークル、会員三万人と称す)は、「童話・絵本研究会」を設置し、約一〇〇人の女性を中心に童話や絵本の中の差別性について一斉点検運動を開始した。同研究会は、同じ堺市の教育委員会に勤務する有田利二氏らの「黒人差別をなくす会」(88年8月結成)が、『ちびくろサンボ』を〝黒人差別〟として追及し、88年末までに各社の絵本をすべて絶版に追い込んだ〝大戦果〟をキッカケにしてつくられた。

そして89年6月28日、合わせて「一一八点の童話・絵本に問題があった」と発表した(毎日新聞89年6月29日付他)。これによると、主な指摘は次のようになっている。

『白雪姫』(グリム童話、19世紀ドイツ)=肌が白く、目はパッチリ、まつ毛が長い主人公を「美人」と定義しているが、これは白人を優位視し、黒人差別につながる。また子どもに画一的美の基準を押しつけている。

『みにくいアヒルの子』(アンデルセン童話、19世紀デンマーク)=外見が醜い間はいじめられ、それに耐えて最後は美しい白鳥になったというストーリーは、「美こそ善という誤った観念」がある。ひたすら我慢を強調し、子どもに短絡的なものの見方を植えつける。

『浦島太郎』(南北朝時代からの日本の民話)=長男でありながら、親を捨て竜宮城で遊んだために白髪の老人になったという筋書きは、「家父長意識」の表われである。

『こぶとりじいさん』(鎌倉時代からの日本の民話)=良いおじいさんはコブがとれ、悪いおじいさんはコブがさらにくっつくという筋書きは、生まれつきの身体的特徴で人間の善悪を判断する偏見を生みかねず、障害者差別につながる問題を含んでいる。

『ごんぎつね』(1932年新美南吉作の童話)=「家内」、「おはぐろ」など、女性蔑視の表現がある。

このほか、堺市女性団体連絡協は、童話にでてくる悪役はたいてい年老いた「魔女」であり、これは女性差別、老人差別につながるとしたり、マーク・トゥエインの『王子と乞食』には階級とか貧富、障害者をめぐる差別表現が目立つなどと指摘している。

堺市女性団体連絡協の山口彩子委員長は、「古典作品の文学性は認めるが、今日的視点から否定されなければならないものがある。子どもに差別観念を植えつける恐れのある童話の場合はなおさらである」と述べている(毎日新聞)。同連絡協会はこのあと、各出版社に対して表現の改善や「注釈」付けを求めていった。

白い肌、白鳥が問題なのか

では、ここに上げられた童話は、果たして差別的なのだろうか。点検してみよう。まず『白雪姫』。岩波文庫『完訳グリム童話集』によると、前王妃がある雪の降る日、黒檀枠の窓際で、縫い物をしていた際、誤って指を刺し、血がぼたぼた雪の中に垂れた時、お妃は「こんな子どもが欲しい」と思う。やがて思った通りの女の子が生まれ、「ゆきじろひめ」と名付けられた。

訳者・金田鬼一氏によると、「肌が白く頬が赤く髪が黒い」ことは、女子の理想的な美しさを礼讃する大昔の詩的表現で、「白赤黒」の取り合わせは国によっていろいろの例が用いられたという。わが国でも雪のような白い肌、赤いほっぺ、緑の黒髪と、いまでもいわれる。

『白雪姫』では、黒い肌に対比して白い肌の優位を述べた記述はない。いちばんのポイントは、「カガミさん、カガミさん」という有名な問い掛けであり、あとは、人に騙されやすい白雪姫が七人の小人などの助けで四度も死地を脱するという、ハラハラドキドキのストーリーである。

次に『みにくいアヒルの子』は、アンデルセンが自分自身のことを書いた自伝的童話である。他の子どもと違って「大きなみにくい灰色のアヒルの子」は、アヒル仲間だけでなく他の動物たちからもいじめられるが、お母さんのアヒルだけは「きりょうよしではないけれど、気だてのよい子です。きりょうなんて大して障りにはなりません。きっと強くなって、りっぱにやりぬいて行くと信じております」と述べている。そして、厳しい冬を沼の中で耐え抜いたアヒルの子は、春になって突然、立派な白鳥に変身する。素直な若い白鳥は幸せだったが、決して高ぶるようなことはしなかったと書かれている（岩波文庫『アンデルセン童話集２』）。

このように、『みにくいアヒルの子』には、人々の判断が外見で左右されることへの批判、みにくいとされるものの悲しさなどが、愛情あふれる童話作家の目を通して描かれており、『人魚姫』などと並び、アンデルセンの傑作の一つとされている。堺市の女性グループは、これを「美こそ善という誤った観念」と決めつけているのだが、それこそ〝短絡的〟ではないだろうか。

浦島は仙界へのあこがれ

『浦島太郎』は遠く奈良時代の『日本書紀』や『万葉集』でも伝えられる古くからの民話で、各地でさまざまなバリエーションが見られる。

ポプラ社刊『うらしまたろう』の作者大川悦生氏によると、物語の主題は、中国の仙界思想を汲んだ「海の彼方の仙界（竜宮）」へのあこがれであり、同時にこれを裏がえした「空しさ」――自らの苦労で人生を切り開いていかなかったことへの不満が二重映しに込められた傑作だという。そして、動物（亀）の報恩とか、玉手箱の発想は、話のキッカケとシメククリの装置に過ぎないと、大川氏は見ている。

そこからは、悲しき独身男が年老いた母を見捨てて遊びほうけ、その報いを受けるなどという説教は聞こえてこないし、まして、「家父長意識」の強調などという読み方はどう考えても無理である。

『こぶとりじいさん』は、13世紀の『宇治拾遺物語』にものっている古い昔話で、顔の右にコブのある踊りのうまいおどけ者の翁が、次の晩も来る「質《しち》」として鬼にコブをとられる。それを聞いた顔の左にコブのある隣の翁が、自分のコブもとってもらおうとするのだが、踊りが下手だったために結局、二つのコブ付きにされてしまうという筋書きである。

右コブを「良いじいさん」ともいってはいないし、左コブを「悪者」とも決めつけてはいない。力量もないのに人まねをするから失敗したのだという教訓めいた読み方もないではないが、三浦佑之氏によれば、この物語は「天性のヲコモノ（おどけ者）」をクローズアップしたのだという（新曜社刊『昔話にみる悪と欲望』）。

また、講談社の『日本の民話』によると、この話のポイントは、右コブじいさんが怖さも忘れて踊り出すシーンの面白さにある。「とれれとれれ、とひゃらひゃら、すととんすととん」というおハヤシや、「一ぽこ二ぽこ三ぽこ四ぽこ」と鬼が踊ると、おじいさんが「オラも足して五ぽこ」などと訳のわからぬ文句で応えるくだりが民衆に受けたのである。

ちなみに、この話はヨーロッパやインド、朝鮮などでもみられるが、ヨーロッパでは妖精が「月曜、火曜、水曜」と歌うと、男が「そして木曜日」と付け加える形になっている。

『ごんぎつね』批判に至っては、開いた口がふさがらない。この物語は、29歳で昭和18年に亡くなった新美南吉《にいみなんきち》の傑作である。「ごん」というゴンタな狐が、兵十という若者に悪さを働き、そのいたずらの償いに、良かれと思ってあれこれやるが、すべてが裏目に出てしまい、ついには兵十の鉄砲で撃たれてしまうという、こっけいで悲しい物語である。

その中に、兵十のおっかあの葬式に出るため、弥助の家内が「おはぐろ」をつけたり、新兵衛の家内が髪をすいたりするくだりがでてくるが、これは村の中の情景描写として一ヵ所でてくるだけであり、どううがって読んでも「女性蔑視」などとは受け取れない。現代でも「主人」とか「家内」はうまい言い換えがないため、普通に使われている。

以上のような、古くから伝わる童話の浅はかで一面的な読み方は、一時の部落解放同盟の差別語糾弾同様、「ことば狩り」にすぎない。面白さを強調したり、美しさや醜さを述べることが差別につながるとなれば、そうした「形容詞」の使用そのものがアウトになってしまう。

残酷さのないお伽断なんて

『グリム童話——メルヘンの深層』(講談社文庫)の中で鈴木晶氏は、グリム童話(1812年刊)は19世紀に勃興したブルジョワジーの道徳観に沿うよう、グリム兄弟が昔話を書き換えたものであり、たとえば、『白雪姫』では、外で働く小人たちに対し、白雪姫は炊事、洗濯などで「家を守るのは女性」という定型にはめられている、と解釈している。

こうした読み方もあるのだが、その鈴木氏も「ではどうすればよいかと問われても、私にはとても答えられない。今のところ私たちにできることといったら、グリム童話を『古代から伝えられた民衆の知恵の結晶』としてだけ見ることをやめ、その中に資本主義社会とか近代市民社会といった名前で呼ばれる何ものかの『陰謀』を読み取りつつ、メルヘンを『楽しむ』ことぐらいではなかろうか」と述べている。

ところで、心理学ブームを巻き起こしている河合隼雄氏は、著書『とりかえばや、男と女』の中で、昔話にはいろいろな角度からの読み方があることを教えてくれている。

『とりかえばや』は、いまから八〇〇年以上前の平安末期に書かれた世界でも稀有な物語で、姉と弟がそれぞれの性をとりかえ、波乱の人生を送るという奇想天外な設定は、まさに今日的意義を持っている。明治の国文学者からは「醜穢にして嘔吐を催させる変態文学」といわれたが、河合氏は、先駆的な作品としてユング心理学でさまざまな分析を加えており、海外で紹介した際には、「ポスト・モダンの作品」として好評を博したという。そして、河合氏は「昔話は時代をこえて人間のはたらきを伝えてきたものとして貴重な資料と言わねばならない」と述べている。

また、三浦佑之氏は『昔話にみる悪と欲望』（新曜社刊）の中で、継子いじめや隣のじい譚にみる残酷さや、意地悪な人物たちに光を当てているが、その中で次のように述べている。

「昔話は時代の人びとの評価に耐えたものだけが伝えられる資格を持つものであり、われわれの読むことのできる昔話はすぐれた作品ばかりだということができる」「そもそも、やさしいとか暖かいと言う場合、その評価や認識は相対的なものでしかなく、彼らは意地悪で欲張りな人物がいてはじめて登場しうるのである」

もう一人紹介しよう。84年4月以来ロングセラーをつづけている『大人のための残酷童話』（新潮社刊）の中で、作者の倉橋由美子氏はこう述べている。

「お伽噺の世界は残酷なものです。因果応報、勧善懲悪、あるいは自業自得の原理が支配しています。子供がお伽噺に惹かれるのも、この白日の光を浴びて進行していく残酷な世界の輪郭があくまでも明確で、精神的焼きゴテを当てるような効果を発揮するからです」

倉橋氏は、最近はこうしたお伽噺を子どもに読ませず、その代わりに稚拙なクドクドした新作童話や「児童文学」といった「悪夢さながらの退屈なもの」を押しつけているとして、昔話に一層毒付けしたパロディー版を書いたと述べている。

その中の一つ、パロディー版『白雪姫』では、「愚かな人間は幸福になれない」という立場から、毒リンゴを食べた白雪姫は白い肌が泥の色に変質、王子は王様を亡き者にしたあと王妃と結ばれる。また白雪姫は森の小人たちの夜伽の相手としてたくさんのこどもを生み、仲よく暮らしたという設定になっている。

だが、童話をことば狩りの手法で攻撃するのは日本だけではない。

92年3月、アメリカ・フロリダ州のデュバルという町の小学校で、父母会が『白雪姫』を子どもに見せるのを原則的に禁止したことがイタリアの各紙で大きく報じられ、強い批判を受けた（『赤旗』92年3月24日付）。父母会は、魔女（原作では狩人）に心臓（原作は肝臓と肺臓）を取ってこさせ、妃が食べてしまう個所などが小学生には残酷すぎると判定したのである。

これに対し、イタリアの『レプブリカ』紙は、「子どもは童話の世界で恐怖感を持ちながら成長していく権利がある」と批判した。また『コリエレ・デラ・セラ』紙は、「幼時に童話を奪われて育った子どもは、成長して子どもじみた行動をする」というフロイトやユングの指摘を紹介、「こどもは童話の中で善悪を見分けるだけの能力がある」と書いた。

そして、イタリアのテレビは「白雪姫を禁止するアメリカで、毎年何十万人もの人が殺されている」と論評したという。

『お話童話宝玉選』絶版へ

堺市女性団体連絡協議会の指摘で名作童話や昔話を絶版にしたり、指摘された内容の注釈を加えた出版社はまだ出ていないが、小学館では別件の童話絶版事件が起きている。

89年初め、小学館発行の『お話童話宝玉選』（64年6月初版、75年1月改訂版）が、全国障害者解放運動連絡協議会（全障連）から「障害者差別表現が随所に出てくる」と抗議、糾弾された。『お話童話宝玉選』（佐藤春夫編）は、古くからの仏典童話やキリスト教童話、中国古典童話、イソップ寓話、日本逸話などの中から一九〇話を集めたものである。ところが、そのお話の中に「盲のちょうちん」「三人かたわ」「ども又」などのタイトルや、文中に「メクラ」「イザリ」「オシ」などの表現が随所にあるため、全障連から「差別図書」と追及された。

大阪まで出向いた小学館側は、「ピノキオ問題（76年11月、障害者団体の糾弾で四種の絵本を絶版）以後、厳密なチェックをしてきたが、はるか以前に出した『宝玉選』には気付かなかった。申し訳ない」と謝罪し、絶版措置にすると約束した。書店に対しても在庫の販売中止を要請した。

92年6月、大手書籍取次店のトーハンが「こどもに読ませたい私の一冊」を募集したところ、一位は『赤毛のアン』、二位『星の王子さま』、三位『次郎物語』の順だった。

カナダのルーシー・モンゴメリーの『赤毛のアン』は、孤児のアンが夢や正義感、奇抜な知恵で自分の人生を健気に切り開いていく過程を描いた作品で、世界のベストセラーになっている。しかし、作中でアンは、思春期の娘らしく自分の赤毛を胸がはりさけるほどに嫌悪したり、一方で親友ダイアナが髪も目も黒く、バラ色の頬を持つ美人と聞くと、「自分が美人なのが一ばんすてきだけど――それはあたしはだめだから――そのつぎにすてきなのは、美人の心の友を持つことだわ」といったりする。そして、「ソバカスだらけのニンジン」とか「デブデブのぶかっこうな女」、「どこの馬の骨だかわからない孤児」といった表現もでてくる（村岡花子訳）。

堺市の「童話・絵本研究会」風にいえば、これも『白雪姫』同様、子どもに偏見を植えつける作品ということになるのだろうか。

その『赤毛のアン』について、童話研究家の高山智津氏が「アンのように空想ばかりしていては女の自立は促されない」と書いたところ、「アンを冒瀆するな。中学程度の英語も分からず、原書も読まずに外国文学を論ずるな」と投書されたという（『赤旗』92年9月22日付）。多様な解釈を認めようとしない点では、ここにも問題が潜んでいる。

4 コンパニオンもブッシュマンも

差別摘発の震源地・堺市

堺市で始まった差別摘発運動は、童話や絵本だけにとどまらなかった。ゲームからお祭りのパレードの名称に至るまで、さまざまな表現が問題にされた。

●ゲーム「人間のクズ」

91年8月26日、堺市女性団体連絡協議会（山口彩子委員長、五五団体）は、おもちゃメーカー「タカラ」が発売している「人間のクズ」ゲームについて、「女性蔑視・差別を助長する」として、商品の発売停止と回収を要求した。

91年8月27日付毎日新聞によると、複数の女性とうまく付き合う男を「人間のクズ」と呼び、それをゲーム名にした若者向けの遊びで、いろいろなモデル女性の写真に血液型や星座を入れた「女の子カード」を使って、二人から八人で遊ぶゲーム。たとえば「深窓の令嬢」カードを引くと一〇〇万円札がもらえて、「水商売女」を捨てる時は、逆に一〇〇万円払わなければならないなどのルールがある。また、女性を売りとばす意味の「香港」カードがあったり、一回休みの「できちゃった（妊娠）」カードなどもある。

いささか悪のりのこのゲームは作詞家・秋元康氏の企画で、発売元のタカラ側は、「パーティーなどで楽しめるギャグ路線のゲーム」と説明、89年2月から二年半で七万二〇〇〇セット（一セット一五〇〇円）を売ったという。

堺市女性団体連絡協側は、「金で人間を手に入れたり、捨てたり、人身売買行為をさせ、妊娠を迷惑千万の扱いにするような非人間的玩具」と抗議した。タカラ側は、結局、この抗議を入れ、後日、発売を停止した。

ただ、こうした抗議が前章の童話追及のように行き過ぎると、たとえば「大貧民と大富豪」などというゲームや、ひいては位と機能に差をつける「将棋」や「トランプ」ゲームまでがやり玉に上がりかねず、良識ある対応がのぞまれる。

●南蛮

92年10月17日に開かれた第一九回堺まつりで、毎年恒例の「南蛮行列」や「南蛮船パレード」の「南蛮」という表記が、すべて「なんばん」と平仮名に改められた。

これは、堺の市民から「南蛮は差別的」という提起があったため、主催者の堺文化観光協会が市の人権啓発局と協議の結果、「歴史のあることばそのものをなくすのは難しいので、とりあえず漢字からくるイメージをなくす」ため、この措置をとったものである。

「南蛮」は、もともと古代中国で、北狄《ほくてき》、西戎《せいじゅう》、東夷《とうい》といっしょに用いられた異民族への蔑称で、「南方の野蛮人」

を指したが、日本では室町時代以降、タイなど東南アジアからの外国人や、さらには遠方からやってきたポルトガル人をとくに指すようになった。

そこで、93年でポルトガルと日本の友好四五〇年を迎えるに当たり、堺文化観光協会は、誤解のないよう配慮することにしたのだという。92年10月4日付の読売新聞によると、当の駐日ポルトガル大使館側では、「南蛮は古くから我々を呼ぶ言い方で、それによってポルトガルが日本に知られるようになったのだから、不快な印象はないが、配慮は大歓迎」と述べている。

ちなみに、おソバ屋でいう鴨南蛮とかカレー南蛮の「なんばん」は、ネギと誤解している人も多いが、肉の入ったタネ物のことである。あるソバ通によると、江戸っ子はモリとカケを食うのを「粋」とし、タネ物は「ゲテもの」とか「南蛮もの」といって蔑んだという。

●コンパニオン

これより先、89年3月から5月にかけて堺市で開かれた国際交流博覧会「オランダフェスティバル――ダッハらんど'89大阪」について、大阪府と堺市の実行委員会が事前に「コンパニオン」を募集した際、関係者の中から、接客婦やマスコットガールを求める発想だという声が上がり、「ガイド」募集に改められた。

そして、通常こうした催しのコンパニオンの募集では、年齢は18歳から30歳、全身写真が要求されるが、堺市では年齢制限をなくし、写真選考も行わなかった。

●ブッシュマン

92年6月26日付朝日新聞夕刊によると、新潮社は92年6月頃、北杜夫氏のエッセー集『マンボウVSブッシュマン』の絶版と出荷停止を決めた。堺市の人権啓発局から「表紙のイラストが黒人の特徴を誇張、拡大しており、黒人差別を助長するものと思います」と文書で指摘を受け、自主的に判断してとった措置だという。

また、本の題名のうち、「ブッシュマン」については、以前からヨーロッパ人が勝手に命名したもので、差別用語であるという指摘があり、89年の映画『ブッシュマン・パート2』（パート1は82年）公開（日本では89年7月末）の際には『コイサンマン』（ニカウ主演）と改められたいきさつがある。

「ブッシュマン」は、アフリカ南西部のカラハリ砂漠に住む背の低い狩猟民族で、コイサン語族の言語を話すことから、映画は改名されたが、このことも、新潮社の判断に影響を与えたと思われる。

●エプロン姿

92年5月20日付朝日新聞夕刊（大阪版）によると、堺市が採用を予定していた手話のテキストが、「エプロン姿」の母親のイラストがあったため、役割分担の固定化という差別を助長すると批判され、結局、使用中止になったという。その記事の中で、漫画家のみつはしちかこ氏は、「そこまで目くじらたてなくてもいいのではないか」とコメントしていた。

5 「父兄」が問われる日本と「チェアマン」が退場する国

朝日新聞の投書欄で面白いやりとりがあった。「男女・父母、なぜ男が先か」（92年9月10日付）という19歳の学生の投書に対し、9月16日付で52歳の大学助教授は、「男女の順は差別と言えぬ」と反論していた。

学生の趣旨は、優劣、善悪、高低とポジティブなものが先で、男女、父母、夫妻もそうだ。耳慣れなくてもたまには逆でもいいはずだ、というものだった。これに対して助教授の投書は、それは耳に快く響き、発音もしやすいためであり、夫妻の逆は財布と混同する、雌雄もあるし「めおと」もある、難易、寒暖、苦楽、軽重、陰陽とネガティブ先行もある、と反論していた。

一方、職場では働く女性の数が増えるにつれて、賃金格差（男の半分）や採用、昇進での差別撤廃を求める女性のたたかいが強まり、文化や教育の面でも「男性支配」を突き崩す運動が目立つようになっている。そこで、教科書や辞書における性差別表現（セクシズム）追及の動きを追ってみた。性差別表現でとくに問題にされているのは、「男は仕事、女は家庭」という性別役割固定意識や、男らしさ女らしさを定型化するステレオタイプ（紋切り型）表現である。

女を忘れてはいませんか

まず、いくつかの事例を紹介する。91年9月、NHK朝の連続テレビ小説『君の名は』(原作菊田一夫)の、配役紹介の字幕で、「父兄」という表現を用いたところ、滋賀県教組から〝女性差別〟だとして抗議をうけた。「父兄」は、戦前「父兄会」などの表現で、児童の保護者から母親など女性を排除していた頃の考え方にもとづくものであり、いまでは「父母」とか「保護者」というべきだ、というのが抗議の趣旨だった。NHKは不適切だったとして、9月18日放送分から「父兄」の使用をやめた(91年9月18日付読売他)。

89年3月、大阪の堺市女性団体連絡協議会は、郵政省が発行し、全国の郵便局で配布していた「新ゆうゆうローン」や「かんぽ・ねえさん」などの宣伝パンフを、女性差別であるとして抗議した。これらのパンフ(88年から使用)にでてくる女性がいずれも「エプロン姿」だったことから、「いまやエプロンをかけるのは女性だけではない。さまざまな分野で女性が活躍する時代なのに、あい変わらず女性イコール主婦という固定観念にとらわれている」と抗議、結局、郵政省は全国の郵便局から四種類のパンフ一六五万枚を回収した。

92年8月25日付朝日新聞の家庭欄によると、市民グループ「コマーシャルの中の男女役割を問い直す会」(事務局は兵庫県西宮市)は、91年度前半に放送されたテレビCMの会員コンテストで、好感度一位に、三菱電機の「Qシリーズ(掃除機編)」と旭化成・森永乳業の合弁会社、アムフレッシュの「本日開店パン屋さん」を選んだ。「Qシリーズ」は、掃除機をかける男性の姿が特別のことでなく描かれている点、また「本日開店パン屋さん」は、パンの焼き上がりを知らせる夫の声で朝寝坊の妻が目をさます若い夫婦のシーンが、ふだん家事に追われることの多い女性たちに受けたものである。

1975年に「わたし作る人、ぼく食べる人」のハウス食品のCMが女性の抗議で中止になった頃と比べると、たいへんな変わりようである。

『どろんこ祭り』は問題か

長い間、小学校六年生の国語の教科書で親しまれてきた『どろんこ祭り』(光村図書出版、今江祥智作)が、92年4月からの教科書で姿を消した(92年4月6日付朝日)。『どろんこ祭り』は、おきゃんなせっちゃんと都会育ちでひ弱な三郎の、土佐の自然を舞台にした初恋物語で、ふだんはせっちゃんが三郎に、「男のくせに、しっかりしいや」などと言っている関係が、祭りの日に突如〝逆転〟してしまう話である。

土佐の「どろんこ祭り」は、田植え姿の女が逃げる男を追いかけてドロを塗りつける祭りだが、二人は事前の約束で立場を換え、着物を換えっこする。女装の三郎が全力でせっちゃんの顔にドロを塗ると、せっちゃんは真赤になって立ちすくみ、「もう、ゆるいて(許して)」と小声でいう。二人とも、初めて本来の男の子、女の子に立ちもどったみたいだった。三郎は、おろおろしたせっちゃんを変にまぶしく感じ、これまでになく荒っぽかった自分が気に入って、にぎったせっちゃんの手に力を込めた。

――以上がそのあらすじである。年に一度の祭りという非日常の場で、日常の立場を換え、逆の役を演じることで何か異変が生じ、初恋が芽生えるというこの作品は、リアリズムにあふれ、教科書としては画期的な初恋物語と評価された。そして三年ごとの教科書改訂を五期のりこえ、一五年の長きにわたって採用されてきた。

ところが、この作品について、日本弁護士連合会(日弁連)から強い批判の声が上がった。85年に批准された「女性差別撤廃条約」をうけて、日弁連は女性の権利に関する委員会を設け、87年から二年間かけて小中学校の教科書（国語、社会、家庭、道徳）の点検を行い、89年に意見書をまとめた。差別をなくすためには学校教育で男女平等を教える必要があり、その基本が年間四億部も発行されている教科書という認識だった。

意見書は、「働く女性が職場に進出し、家族形態も多様化し、固定的性別役割分担とその意識が変化しているにもかかわらず、教科書はこの変化を正しく反映し、変化の行方を展望していない」と総括した。

91年6月に出版された『教科書の中の男女差別』（明石書店、日弁連調査委のメンバーが執筆）の中で、「国語」を担当した伊東良徳弁護士は、原作による拘束が強いとはいえ、教科書に登場する作品の中で、女性が主人公に選ばれる割合が少なすぎることや、男子はいたずら、大きな声、女子は泣き虫、恥ずかしがりの「らしさ」設定が目につくことをあげている。そして、『どろんこ祭り』については、「男女平等の観点から極めて問題の多い作品であり、これを採用しつづける光村図書は確信犯のようにもみえる」と厳しく批判した。

光村図書は国語教科書のシェアが六割を超す巨大教科書独占だが、結果としてこの批判を受け入れ、92年4月からの新教科書（95年3月まで使用）では、『どろんこ祭り』をはずした。

92年4月6日付の朝日新聞の記事の中で伊東弁護士は、「この作品を教材に、性別にとらわれない生き方を子供たちに示していくことは絶望的。引き込まれてしまう危険の方が大きい」と述べている。

一方、作者の今江氏は、「教科書作品はあくまで教師と子どもが行き来するパイプ。自由に行き来してもらって、作品も反面教師にも使われたらいいと思う」と述べている。

また、同じ朝日新聞で中京女子大の棚橋美代子助教授は、「女性差別の視点からの作品論はあっていい。しかし、ひとつの視点だけで評価し、作品を否定するのはどうか」と述べ、さらに、男女の「らしさ」の価値観も時代とともに変わるのであり、「女性に限らず、弱者の視点でみればどんな作品にも問題がみえてくる。教科書なら、それを指摘して、親も巻き込み論議すればよい」と、教師が子どもたちの力を信じて、多様な読み方や価値観を子どもに考えさせることが大事だと強調している。

米国版「性差別のない辞書」

91年に改訂されたアメリカの『ランダムハウス・ウェブスターズ・カレッジ・ディクショナリー』は〝90年代のための最初の辞書〟と銘打ち、最近の新語を多く載せているが、なかでも女性差別につながるとみられる表現については、逐一その理由および言い換えを示している。

そして、巻末にまとめられた「性差別を避けるために」のページには、おおよそ次のようなことが指摘されている。

▽「マン（男）」で人類全体や両性を代表させたり、接尾辞で用いて、職業を示すことは一切避け、すべて中性的な表現にいいかえる。

・マン、メン、マンカインド（人類）→ヒューマン・ビーイング（人間）、パーソン、ピープル、ヒューマン・レース（人類）〈註・ヒューマンはラテン語の人間を意味するHomoないしHumanusから来ているので、マンが付いても可とされている〉

・ビジネスマン→ビジネス・パーソン

・カメラマン→カメラ・オペレーター、シネマトグラファー〈註・日本の共同通信社では、女性も増えたので、「写真記者」という肩書きにしている〉

・チェアマン（議長、座長）→チェアパーソンないしは単にチェアー

・メイルマン（郵便配達夫）↓メイル・キャリヤー
・ポリスマン（警察）ポリス・オフィサー、Low enforcement officer（法律執行官）
・セールスマン↓セールスパーソン、セールス・レプレゼンタティヴ
・スポークスマン↓スポークスパーソン
・スチュワデス、スチュワード↓フライト・アテンダント〈註・全日空や日本エアシステムはキャビン・アテンダントに改名している〉
▽女性接尾辞「—エス（ess）」は避ける。たとえば、オーソレス（女流作家）はオーサー（作家）。ただし、アクトレス（女優）やホステス（女主人）は、アクター、ホストを使いたい女性も多いが、現行でも可。
▽一般的表現、総称語として、三人称単数の男性代名詞ヒー（He）とか、その所有格ヒズ（His）を用いることは避ける。そのため、①複数形を使う、②一人称か二人称の文章にする、③中性のワンを用いる、④He or She で受ける、⑤受身形にする、⑥代名詞を使わず名詞にする、などの方法をとる。
▽成人女性をガールといったり、未婚女性をバチェラー・ガールとかスピンスター、オルド・メイドという軽蔑的表現を避ける。またウォマンリー（女らしい）、マンリー（男らしい）とかウォマニッシュ（めめしい）などの性別定型的表現を避け、強い、弱いとか、臆病な、決断力がない、などの形容詞を使う。
▽マン・アンド・ワイフとか医者とその妻の代わりに、ハズバンド・アンド・ワイフないしは医者とSpouse《スパウズ》（配偶者）という表現にする。
　この辞書はまた、「ウーマン」という語が「マン」から派生したような感じを与えるというフェミニスト・グループ（ウーマン・リブは軽蔑語）の指摘を入れて、Womyn（複数と同じウイミンと発音）という全くの新造語を

採録したほか、History《ヒストリー》は「彼の歴史」の響きもあるし、いままでの歴史が男性主体の歴史だったことから、新たにHerstory《ハーストリー》の〝変造語〟を載せている。

ちなみに、ウーマンは古い英語のWif-man（このマンは人間）からきており、その当時は男もWer-manだったが、こちらはWerが消えてManだけになったといわれる。また、ヒストリーはラテン語のHistoriaからきたものでヒズとは全く関係ない。

ランダムハウスの辞書は、すでに78年のペーパーバック版で「史上最初の性差別のない辞書」とうたっており、ハウスワイフ（主婦）に代わる新語ホームメーカーを載せ、「マン」の人類代表的用法や職業接尾語使用の差別性に触れ、言い換えを示していた。

「神」も「主人」も「母国語」も

アメリカでは、64年の「公民権法」で、雇用の際に人種、宗教に加えて性別による雇用差別が禁止されたのをはじめ、67年と68年には「アファーマティブ・アクション」（積極的行動計画）の大統領令が出され、黒人など少数民族や女性を採用、昇進などで積極的、優先的に活用することを雇用主に義務付けた。

この結果、60年代から70年代を通して、集団訴訟を含め嵐のような「女性革命」がまき起こり、レーシズム（人種差別）、セクシズム（性差別）、ミズなどのことばが60年代末につくられた。

そして、74年には英語教員全米協議会で画期的な「性差別のない言語」を普及させる決議がなされた。このあと、ニューヨーク・タイムズ紙やマグローヒル、スコット、フォースマンなどの各出版社が「手引き書」をつくり、表現でのセクシズム追及の動きに対応した。

ところで、90年12月に出された『性差別をなくす英語表現辞典』（研究社、ロザリオ・マッジオ87年、笠井逸子訳）は、これまでの「成果」を集大成したものだが、それによると、前記のランダムハウスのカレッジ辞典の内容に加えて、次のような〝過激な〟方法が示されている。

▽GOD（神）は、ギリシャ語、ヘブライ語とも中性的扱いであり、神に性別はない。ヒーやヒズを使わず、God、God'sとする。

▽マスター（主人）は「男性語」であり、避ける。支配人、雇い主、名人、教師など、用途によって別の語を使う。キリストを表わす場合も大文字のTeacherにする。このほか、マスター・キーはユニバーサル・キー、マスタープランはオーバーロール・プラン、マスター・テープはパターン・テープ、マスター・ピース（傑作）はベスト・ワーク等に言い換える。

▽マザーランドはホームランド、マザー・タング（母国語）はネイティブ・ラングイッジに。

▽パトロンはラテン語の父親からきている性差別用語であり、スポンサー、サポーターとする。

▽弱点を表わす「アキレスのかかと」とか、二重人格を表わす「ジェキル・アンド・ハイド」、女たらしの「ドンファン」、でばがめの「ピーピング・トム」、女丈夫の「アマゾン」、禍いの源の「パンドラの箱」など性別人物名を用いた隠喩は、どうしてもという場合を除いて使わない。

まさに革命的見直しである。

悪妻、不貞など語釈にメス

日本語では、英米語の—manに相当する接尾語は、「士」や「夫」「婦」を除くと中性的な表現がたくさんあり、大問題には発展していない。

たとえば、選手、記者、勤め人、編集者、校閲係、塗装工、薬剤師、外交員、検査官などで、栄養士や看護婦（士）も差別とは感じられていない。また、サラリーマンやセールスマンも、差別語とはみられていない。

しかし、日本語は、英米語と比べると、男ことばと女ことばが日常生活のかなりの場面で、はっきり分けて使われている。そのため、これを中性化するとなると、かなりの抵抗と混乱が予想される。その一方で、過去の男尊女卑の伝統から女性に対する侮蔑・差別表現がたくさんあり、アメリカ風にいえば、問題はいっぱいである。文化風土の違いや運動の広がりの違いから、まだ極端な「差別語追放」の動きは起きていないが、ここで、ある女性グループによる辞書点検の活動について紹介する。

85年12月、遠藤織枝氏ら東京周辺に住む大学講師、高校教諭ら六人による「ことばと女を考える会」は、三一書房から『国語辞典にみる女性差別』を出版した。

遠藤氏らはことばに興味をもつ女性の集まりで、アメリカの運動に触発されて、改めて辞書の女性に関する記述を洗い直してみたところ、そのひどさに驚いたという。

「考える会」は、学研、岩波、新明解など五種の小型辞書の女性に関する記述を点検した結果、「めめしい」「女だてら」「うまずめ」「貞淑」「不貞」「主婦」「悪妻」などについて、男の側からの勝手な解釈が多いことを再確認し、語句解釈担当者に考え直してほしいと訴えた。

この本によると、「彼」と「彼女」の用例は、一字のスペースの違いもあって、「彼」が圧倒的に多く、「彼女」は二五分の一だった。また「妻」がでてくる用例は、「妻子」ワンセットがほとんどで、しかも、「妻子を養う」とか「抱える」「妻をたずさえる」「夫にかしづく妻」など、従属的イメージで使われている。

五つの辞書の中では、とりわけ三省堂の『新明解国語辞典』に厳しい批判が加えられている。『新明解』（72年1月初版）は、金田一京助を筆頭に柴田武や山田忠雄（主幹）の各氏が監修・編集したもので、従来にないユニークな語釈や用例が目を引いたが、84年9月、東京・城北高校の教師グループから、「女性など弱者を蔑視している」と抗議を受けた。

三省堂は第三版（81年2月発行）の途中だったが、85年2月の第三一刷で異例の改訂を加え、三〇個所ほどの語釈を手直しした。

たとえば「女」「めめしい」「悪妻」についてみると——

●女

（旧版＝第三版三〇刷）女として精神的、肉体的に一人前に成人したもの。〔狭義では、気が弱く、心のやさしい、決断力に欠けた消極的な性質の人をさす〕

（新版＝第三版三一刷）一人前に成熟した女性。〔やさしい心根や優柔不断や決断力の乏しさがからまり存する一方で、強い粘りと包容力を持つ〕（注・考える会は、その場しのぎの逃げに過ぎないと批判）

●めめしい

（旧版）いくじがなくて（ひきょうで）まるで女のようだ。

（新版）難局に身を挺して立ち向かう勇気に乏しくて、危険や困難に出会うとすぐくじけてしまう様子。〔おもに男性の態度について言う〕

●悪妻

〈旧版〉〔第三者からみて〕夫の、出世（研究、事業など）のためにならないと思われる妻。〈新版〉夫の生き方が理解出来ず、協力もしない妻。（注・考える会は、「出世のために」などがなくなったのは改善としたが、その後、第四版（89年11月）では、「第三者から『わるいつま』と目される女性。〔被害者たる当の夫は案外気にしないことが多い〕」と再度改められている）

「考える会」は、『国語辞典にみる女性差別』の中で、新しい語釈の提案として、「情緒的でぼかした、一方的な表現をすべきでない」として、具体的なサンプルを上げている。

たとえば――

●男〔おとこ〕人間の二つの性の一方。精巣をそなえている。一般に成人した後は、声が太く低くなり、骨格が太く強くなる者が多い。動物の雄にあたる。↕女

●女〔おんな〕人間の二つの性の一方。子宮・卵巣をそなえている。一般に、声の質が高く、丸みをおびた体格の者が多い。動物の雌にあたる。↕男

また、「不貞」については、各辞書が「妻や女として操を守らないこと」としているのに対し、「婚因関係（あるいは恋愛関係）にある男女が、配偶者（相手）以外の異性と性的交渉を持つこと」と〝男の不貞〟も含めた記述を提案している。

女性差別で住民監査請求

90年12月、東京都の外郭団体の都教育文化財団が隔月刊で出している広報誌『あさみどり』で、連載中の「カオル子さんのチャレンジレポート」に「オバタリアン」という表現があることをとらえ、「東京都の女性差別を監視する会」の女性二人が12月18日、住民監査請求を行った。

問題になった連載には、毎回「カオル子さんは独身。ちょっと見は若いけれど実はもう40歳。新しいもの好きだけれどやはりオバタリアン」というキャラクター紹介が前文に載っている。そして、機械オンチのオバタリアンOLのカオル子が若い男性からビデオやOA機器の使い方を教わるという設定で、毎回、新しい製品の扱い方が紹介されている。

これに腹を立てた「監視する会」は、「オバタリアン」とか「機械に弱い女性」という表現は、明らかに女性蔑視であり、公費の無駄使いとして監査を求めたものである（毎日新聞90年12月19日付）。

「オバタリアン」は、漫画家の堀田かつひこ氏が「オバさん」を不死身の怪物「バタリアン」と結びつけて作り出した中年女性のイメージキャラクター。世相にのって漫画は大ヒットし、「オバタリアン」はたちまち流行語になり、いまでは現代用語に定着している。

東京都監査委員会は半年後に「記事は明白に女性差別を助長するものではなく、財団に差別を助長する意図も認識もなかった」という都教育委員会側の説明を認め、住民監査請求を退けた（91年5月1日付朝日新聞）。

ところで、この措置に対して文教大学の遠藤織枝教授は、編著の『女性の呼び方大研究——ギャルからオバさんまで』（三省堂92年11月刊）の中で、「こんなことを監査というなら監査などしなくたっていい。ずうずうしくて強引で恥を忘れた女性、男性からは異性を感じさせない、女性としての魅力のなくなったもうご用済みの存在、との合意が成り立っている『オバタリアン』を、都に中年女性の代表例として認知され、喜々として広報誌などに使われては甚だ迷惑なのである」と大憤慨している。

遠藤氏は同じ著書の中で、「おばさん同様おじさんも差別語」だが、男性たちは若い女性のからかいの声を女たちの勝手なわめきだととりあわず、「悪い世の中になったものだ、女たちに自由を与えすぎてしまった、と、ひそかに嘆いて赤ちょうちんとカラオケでうさを晴らすだけで、ことの核心に近づこうとしない」と、男の側の〝のれんに腕押し〟の態度を批判している。

タイトルが泣く『大研究』

ところで、『女性の呼び方大研究』では、「夫婦は互いにどう呼び合っているか」などの項目があり、興味がそそられたが、調査事例は執筆者の知り合いのわずか一七組にすぎず、「大研究」にしては、いたって安直、超上げ底の思いがした。

「好きだから『おまえ』なんて」と題するこの章の執筆者・小林美恵子氏は、「おまえ」の使用を「女性支配語」として一切拒否する立場から、夫婦間呼称を調べたのだが、一七組（教師主体のインテリ家族）のうち三組の夫が「おまえ」、一組は「オイ」で済ませていた。あとは、ほとんどが「お母さん」「ママ」だった。

ちなみに、「おまえ」は、もともと貴い人（男女）に対して、その人を直接指さないで、尊敬の意を込める言い方として始まり、江戸時代前期までは強い敬意語として上位者に対して用いられたが、明和・安永の頃には上位か対等者用語になり、後期の文化・文政の頃には同等か下位者への用語になったという（小学館『国語大辞典』）。

「おまえ」が女性支配語というのはオーバーだが、他人に対して自分の配偶者をなんと表現しているか、というもっと重要と思われる点に何も触れていないのは、奇異である。

前述のとぼしい調査でも、「家内」「うちのやつ」「カミさん」「女房」、「主人」「つれあい」「亭主」などの例が参考資料として出てくるが、「家内と主人」でいいのだろうか、もっとうまい表現はないのだろうかといった、フェミニストとしてさらに突っ込んだ研究をしてもいいのではないか、と思われた。

また、他人に夫婦の一方のことを尋ねたり話したりする場合、「ご主人」「奥さま」（関西では「ダンナはん」「ヨメはん」）などというのが普通だが、「結婚すると名前がなくなるなんて」の章を書いた高崎みどり氏は、「お嫁さん」「奥さん」「お母さん」と呼ぶことへの疑問を呈している。が、どうしたらよいかとなると、できれば名前か姓で呼ぶことが望ましいと述べるにとどまっている。その高崎氏自身、よく知らない人の名前を呼ぶのが不自然に思われ、また「お連れ合い」という言い方がとっさに出てこなくて、「奥さまお元気ですか」とやったと告白している。

さて、この『大研究』の「あとがき――名前で呼ばれるすばらしさ」で、編著者の遠藤織枝氏は、自らのドイツの友人宅での経験をもとに、〈三日間、名前で呼ばれて、私は本当に自分が自分として認められる喜びをたっぷり味わった。そういえば子供のころもそうだった。あれから何十年、「母さん」「遠藤さん」「先生」と呼ばれ続けて私は自分の名前を喪いかけていた〉と書き、欧米のファーストネーム式にいたく感激している。

名前で呼べば差別でなく、「おまえ」とか「きみ」「奥さん」「母さん」と代名詞で呼ぶのは差別、とくに女性差別という全体の結論は、これまた短絡的である。名前や姓を呼ばないで済ませてきた「日本語文化」総体をどうしていったらいいのかを、それこそ「大研究」し、知恵を集めていかなければならないのであって、「これはいいが、あれは悪い」とことばだけにこだわっていては、不十分である。

親しくもないのに、いきなり西欧風に「ハーイ、タロー」と言われたら、ムカつく人もいるだろう。そもそも親から与えられた名前が死ぬほどイヤだという人もいる。また、「栄ちゃん」と呼ばれたいという願望もあれば、「ダンス・ウイズ・ウルブス」という名に感動する場合もあるのである。

ともかく、薄っぺらな内容に「大研究」などという呼び名（売り名）を付けるのだけは、やめてもらいたいものである。

6 オンワードからベネトンまで——広告に異議あり

強まる「性差別」批判の視線

93年10月29日放送の『朝まで生テレビ』（テレビ朝日系）の中で、博報堂の円谷洋一氏は、とくに気をつけていることとして、古くからの因習を肯定する表現（大安吉日など）、性差別への批判、それに身障者への配慮の三点をあげていた。そして、その具体例として、レイプを連想させる「三楽ウイスキー」の広告や、女性軽視と批判された細川ふみえの「建設省治水週間」のポスター、それに所ジョージの「三洋電機のコードレス電話機」のCMが話題になり、抗議されるとすぐ撤退してしまうスポンサーや代理店の姿勢に出席者の批判が集中した。

そこで、これらの問題を考える材料としていくつかの事例を紹介する。

●細川ふみえの治水ポスター

建設省（現・国土交通省）が総合治水推進週間（93年5月～21日）のために作成した細川ふみえ起用の全国向けポスター（博報堂制作、二〇〇〇枚）が、東京都議会の藤田ゆみ子氏ら社会党都議八名（七名は女性議員）連名の抗議申し入れにより、東京では掲示されない事件が起こった。

このポスターは、白いロングスカートのワンピースを着た細川ふみえが、はだしで小雨に打たれながらスカートを広げて立っている。そのスカートの中に水がたまり、わずかながら地面に滴っているという構成で、「みんなに浸透するといい」「雨水・貯留・浸透」のコピー文が付けられていた。

細川ふみえが巨乳をちらつかせているわけでもないし、ごくさわやかな感じの写真だったが、小金井市の若竹りょう子市議が見つけ、「小金井市民からみて、ノリが軽すぎる。治水ポスターに女のコが出る必然性はない」と市議会で問題にした。小金井市では、雨水を川にたれ流しにせず、浸透マスで地下に貯め、地下水を豊かにする運動が進められている。

若竹市議の連絡を受けた藤田都議らは、「女性がスカートをたくし上げているのは不快だ。水が滴り、お漏らししているようにみえる。女性軽視ではないか」と都側を追及した。東京都の都市計画局は6月4日、数時間の検討ののち「表現が不適切」と判断し、都に配られた分（三三〇〇枚）のポスターの回収を決めた（『SPA！』93年7月14日号）。

これに対して、建設省河川局では「こどもがお花畑でスカートに花を集めるシーンをイメージしたポスターは評判よかった。指摘は的外れではないか」と問題にせず、東京都以外での掲示をつづけた。

あまりの唐突さに六五の新聞、一〇の週刊誌、テレビ八番組などが一斉にとり上げたが、博報堂の試算では、おかげで三億三〇〇〇万円相当の〝治水〟宣伝効果があったという。

●三楽酒造の〝レイプ〟CM

89年6月から7月にかけて、三楽酒造はバーボンウイスキー「ローリングK」新発売で、ポスターやテレビCMによる大宣伝を行った。

ポスターは、金髪の女性が泥だらけで板の上に横たわり、胸元がはだけ下着がのぞいているシーン。テレビCMは、その女性が数人のカウボーイに囲まれるという設定で、博報堂の制作だった。

ロール（ROLL）という英語には「なぐってころがす」とか「性交する」という俗語的な意味もある。東京の「行動する女たちの会」は7月27日、女性がレイプされたシーンを連想させ、人権無視の女性差別CMだとして、三楽本社に抗議した。

三楽側は、「西部で男に伍してたくましく生きる女性カウボーイを登場させ、その力強さ、存在感を描いたもの」などと釈明したが、結局、抗議を入れて翌週からCMを中止し、ポスターも撤収した。

●オンワードの「五大陸」

92年10月下旬、東京・大阪の地下鉄や私鉄の中吊り広告や、新聞・週刊誌の広告で人目を引いたオンワード樫山の男性用コート「五大陸」の広告コピーが、女性差別であると女性グループから追及され、会社側は企画を中止し、謝罪するという事件があった（92年11月11日付朝日新聞他）。

問題の広告は、女優の浅野温子を起用。コートを着て後ろ手にしばられた女が地面にうつ伏せに転がされているモノクロ写真に、「五大陸の男と関係アリ」というコピーが付けられていた。

東京の「行動する女たちの会」は、写真の泥まみれになった足やしばられた状況から、「広告のメッセージはレイプであり、女性の人格・人権を踏みにじる性差別広告は断じて許せない」と11月6日オンワード樫山を訪れ、抗議した。『全国婦人新聞』（12月10日号）によると、席上、女性団体側は、①五大陸シリーズ企画の中止、②性差別広告であることを認め、二度と同じような手段をとらないこと、③今後、人権感覚を高める広告を作ること、の三点を要求。これに対してオンワード側は、「世界（五大陸）に通用するコートの宣伝として、サスペンス調のドラマ仕立てにしたもので、モデルの浅野温子は〝五大陸〟そのもの、ないしは〝五大陸〟のメッセンジャーであり、レイプを想定したものではない」と性差別の意図を否定した。しかし、行動する女たちの会は、後ろ手にしばられた女の他、この広告のシリーズには、覆面・手袋の男が女を後ろから羽交い締めにし、口をふさいでいるものもあり、「いずれもレイプとしか思えない」と追及した。オンワード側は後日（11月10日）、改めて「性差別の意図はないが、今後の広告出稿は自主的に控える。また、女性への暴力と受け止められたことは申しわけない。今後はチェック体制を強め、よりよい広告作りを目指したい」と回答、朝日新聞に謝罪文を掲載した。

「五大陸」シリーズは、代理店電通の制作だったが、「性暴力とたたかう女たちのネットワーク90」など九グループが質問状を出し、電通も12月10日、「性差別、暴力礼讃の気持ちは無かったとはいえ、不快感を与えたことは配慮が足りなかった」と回答した。

●もっと脱がせたい

92年5月21日、兵庫県西宮市当局は、市が出資して建設中（92年秋オープン）のフィットネス・クラブのポスターを、「性差別に当たる」と抗議されたため、回収措置をとった。

問題のポスターは、ビーナスの誕生を思わせる裸婦のイラストに「あなたをもっと脱がせたい」というコピーが付いたもので、「女性差別と闘う西宮女たちの会」など市民の三団体から、「女性は男性に脱がせてもらう存在ではないし、男性のために健康になるのではない」と抗議を受けていた（全国婦人新聞92年6月20日付）。

ポスター一〇〇〇枚とリーフレット五〇〇〇枚回収による公費の無駄使いは三〇〇万円。西宮市議会では五四人（91年）の議員中、九人が女性で、全国の自治体の中でも女性議員の比率が高く、この抗議行動にも当然、女性市議が参加していた。

●東京都の婦人週間ポスター

89年の東京都の婦人週間ポスターは、「性による差別をなくそう」のキャッチフレーズと、泥んこ遊びをした男の子と女の子が並んで立っている写真に、「たまたまオトコ。たまたまオンナ」というシャレたコピーが付けられていた。

しかし、都内のある女性団体は、「男の子の方が体が大きく、また左側にいるのは、横書きのコピーからいって男性優位の表われではないか。差別反対のポスターとして不適切」というクレームを都側につけたという。被害妄想もここまでくると恐ろしい。都生活文化局は、「いろいろな意見は歓迎するが、ポスターは問題があるとは考えていない」と述べたという（『ＳＰＡ！』）。

●宮沢りえ写真集

91年10月、宮沢りえのヌードで話題になった写真集『Santa Fe』が朝日出版社から発売され、その後のヌード写真ブームに大拍車がかかった。

「行動する女たちの会」は、出版社に対してではなく、この写真集のヌード付全面広告をのせた朝日新聞と読売新聞の両社に対し、11月14日、「全面広告を目にした多くの女性から不快や疑問の声があがっている」として公開質問状を送った。そのなかで、芸術か否かの判断は各人に委ねられるが、多様な読者層を持つ全国紙の広告となると、芸術論以前の問題がある、と両社の見解をただした。読売は話し合いを行ったが、朝日は黙殺した。

●パソコンソフト「直子の代筆」

91年、パソコンのワープロ・ビジネス文書作成ソフト『直子の代筆』(テグレット技術開発社)について、三井マリ子元都議らの「ＥＡＴの会」(平等法推進会議)が「女性は代筆、という補助的役割のイメージを与える」として商品名を変更するよう要求した。

テグレット側では、この商品名が女性差別なら、「代筆を補助的イメージでとらえる方が逆に職業差別ではないか」と反論し、その後も、改名要求を拒否し、「直子」を守り通したという(『ＳＰＡ!』93・7・14)。

エイズ、広告界にも波紋

「広告と障害者」問題についても、次のような事例がある。

●所ジョージの〝袋詰め〟ＣＭ

三洋電機が92年11月から93年5月にかけて流していたコードレス電話機「新テ・ブ・ラ・コードれす」のＣＭが、視聴者からの抗議電話で打切りになった。

このＣＭは、手を使わなくても電話がかけられる便利な電話機であることをアピールするため、布袋に体を押し込められたスパイの所ジョージが電話機に向かって助けを求めるという筋書きになっていた。

ところが、93年4月、広島市内のある男性から「手足の不自由な身障者の気持ちに配慮が欠けているのではないか」という電話が広告代理店にあり、三洋電機では「ひとりでも誤解を招くなら、やめるのが当然」(朝日新聞93年5月12日付)として、5月8日でテレビCMを打ち切った。

●「世の中、バカが多くて……」CM
91年6月、女優の桃井かおりを起用した栄養ドリンク剤「ショコラBB」の「世の中、バカが多くて疲れませんか?」というCMに対して、視聴者から「バカにされたようで不愉快だ」という抗議があった。

スポンサーと代理店が協議した結果、このCMはわずか一〇日間で中止になり、かわって出たのが「世の中、利口が多くて疲れませんか?」。

「バカ」の表現をめぐっては、「バカは差別用語」(朝日新聞93年2月4日付)と問題になったりする昨今だが、その一方では、脱皮をめざす『週刊朝日』が、93年10月から「エッチ・ホモ・バカ(このバカを見よ)」という読者のバカ話を集めた高橋春男の企画コラムを開始したりしている。このコラムには二ページで五〇回以上の「バカ」がでてくる。

●「世界エイズデー」ポスター
91年にエイズ予防財団がエイズデー(12月1日)に向けて作った二種類のポスターが、いずれも女性蔑視と抗議され、二一の都道府県で配布が中止された。

ひとつは、コンドームの中に全裸の女性が立ち、「薄くてもエイズにとっては、じゅうぶん厚い」というコピー。もう一種は、パスポートで顔を隠したスーツ姿の男性に「いってらっしゃい。エイズに気をつけて」という、あまり出来のよくないポスターだった。「行動する女たちの会」や社会党女性議員が11月、厚生省や財団に抗議し、掲示の中止を要求した。

●ベネトンのエイズ広告

93年9月15日、男性の裸の腕やお尻に小さく「HIV POSITIVE」と書かれただけのベネトン社の広告が全国紙の朝刊に載り、「差別だ」「衝撃的」「意味不明だ」と賛否さまざまな論議が巻き起こった。

これは、つねに意表をつく広告で知られる世界的衣料メーカー、「ベネトン」グループが、ユナイテッドエージェンシシーに企画させたもので、HIVはエイズの原因となるヒト免疫不全ウィルス、ポジティブは陽性（感染）を意味する。ベネトン社は、この広告で人々の注目を集め、販売店でエイズ予防のリーフレットなどを配布し、若者にエイズとの共生や予防を訴えるのが狙いだった。

ところが、何のコピーもないため、「HIVとは何か」などの問い合わせが殺到したという。そして、「入れ墨にみえて不快、エイズ差別だ」という意見や「これくらい衝撃的な方がアピールする」などの意見が寄せられたという。

このキャンペーンは全世界で行われ、フランスでは、患者支援団体が撤去を求める訴訟を起こしたりしたが、ベネトン社は抗議に応じていない（93・9・25朝日新聞他）。

7 「竜馬」糾弾から「差別語実験テスト」モデル回答まで

〝戦後最大の国民作家〟（文春）といわれる司馬遼太郎氏が96年2月12日、72歳で急逝した。その直後、日本中の書店に司馬作品があふれたが、新聞の死亡記事では「歴史小説に新境地を開いた」として、全紙が『竜馬がゆく』を見出し付きで代表作に挙げた。幕末の志士坂本竜馬をとりあげたこの作品は、彼の出世作の最たるもので、熱狂的〝竜馬ブーム〟や幕末・維新へのノスタルジーの火付け役にもなった。

クイズに斬られた『竜馬』

『竜馬がゆく』は、司馬氏が一三年間在籍した産経新聞のために62年から66年にかけて新聞連載小説として書いた後、順次、文藝春秋社から全五巻として出版（63年〜66年）された。

作品では1853年剣術修業のため江戸に出た竜馬が、波乱の時代を生き、明治維新の前年（1867年）12月に京都で暗殺されるまでを描いており、作品全体としても、部分的にせよ文脈的にも「差別」とは無関係であった。ただ、数ヵ所に罵倒語として「ちょうりんぼう」という表現が出てくるが、二〇年後の83年までは、このことばが問題にされたことはなかった。人気作品だったから、部落解放同盟（解同）の幹部や同盟員も読んだであろうし、解同に近い立場の人々もたくさん目を通したはずだが、「差別表現だ」と指摘したケースはない。つまり、全体の流れの中ではごく小さな「キズ」と解されたのである。

大阪生まれの人道主義者司馬氏は、もともと差別問題には敏感だった。『竜馬がゆく』のあと、たとえば幕末の蘭学者で医者の松本良順をとりあげた『胡蝶の夢』（76年11月〜79年1月、朝日新聞連載）では、江戸身分制社会の矛盾と、それを超越するわずかな道としての「学問」、とりわけ蘭学にスポットを当てている。「学問」ができるか「武術」ができるかが「身分」と「分際」を超える手段となったというのである。

そして、この幕末の身分制崩壊ドラマの中では、御典医松本良順を人間平等観を持つ人物として描き、徳川慶喜将軍に直訴して、「えたの貶《へん》称撤廃」をとりあえず権力の及ぶ江戸で実現させている。解放令を待たずに浅草の関八州穢多《えた》頭・弾左衛門とその家来六人は士族身分（平人）へ引き上げられた。

しかし、『竜馬がゆく』は、作者としても思わぬ事件から糾弾の矢面に立たされることになる。

司馬氏「糾弾会」へ

事件が起きたのは83年9月16日のことである。京都新聞夕刊の広告欄に載った伏見銘酒会の「銘柄クイズ」に使った短い文章が差別表現として抗議を受け、大問題になった。

出題の広告コピーはあたかも司馬遼太郎氏の『竜馬がゆく』を下敷きにしたかのように作ってあった。その中では、薩長盟約を結ばせたあと竜馬が常宿としていた伏見の寺田屋へもどる途中、幕府の密偵らしき二人の男につけられたという設定で、次のようになっていた。

〈「何者だ。名を名乗れい。」竜馬の問いかけに無言のまま、一人が手招きするともう一人はそれに従い、夜明け前の伏見の街に消えた。

「ちょうりんぼう（馬鹿め）！」〉

司馬本では、伏見奉行所の多数の捕吏たちが寺田屋をとり囲み、竜馬が室内から短銃で応戦、護衛役の三吉槙三とともに九死に一生を得る場面に、こんな記述がある。

〈闇中、かっと火花が散った。刀を受けるや、竜馬は同時に右コブシで相手の胸腹に当身を入れ、入れるなり、足をあげて相手の体が隣室まで飛んで行ったほどにしたたか蹴った。「ちょうりんぼう（馬鹿め）！」と竜馬は上機嫌でわめいたが……〉

つまり、司馬本では「寺田屋騒動」と章建てした事件当夜のシーンだが、広告コピーでは、その数日前の出来事としている。

「ちょうりんぼう」の差別性についてはあとの説明を参照していただきたいが、いいかげんな広告コピーにより、原作の中のごく一部の小さな「キズ」が突出した形で提示されてしまったのである。

この「銘柄クイズ」事件では京都新聞やＫＢＳ京都放送が解放同盟から激しい糾弾を受けるとともに、コピーの下請け制作を依頼した電通京都支局、さらには電通本社も責任追及されることになるのだが、その件は改めてあとで触れる。

さて、広告コピーから原作にも問題表現があることがわかり、司馬氏本人に対する糾弾会が83年12月12日京都の解放センターで開かれた。

司馬氏は、「知らなかった自分が恥ずかしい」と文学者らしく釈明した。そして「土佐弁では『ちょうりんぼう』

は単なる罵倒語になっていると思っていた。被差別者が『長吏（ちょうり）』と呼ばれていたことは古くから知っていた。日本語を考え続けているつもりながら、長吏とちょうりんぼうがつながっていることに気付かなかったことは、限りなく恥ずかしい」と述べている。

それにしても、くどくど言い訳をせず、自分の恥を率直に認めた司馬氏の態度は、非常にすがすがしい。『竜馬がゆく』はこのあと、問題の個所が単に「ばかめ！」と訂正された（文庫版第六巻二六五ページ）。

●長吏＝漢の時代の高級官吏。日本でも平安時代に高僧や検非違使の役人をこう呼んだが、時代が下がるにつれ、下級警察職などに従事する被差別民、さらにはたんにエタ・非人を意味するようになった。ちょうりんぼうはこれから出た蔑称。

ジャンセン教授の『龍馬』も

アメリカ・プリンストン大学のマリアス・ジャンセン教授は、かつてのライシャワー教授（ハーバード大）門下の秀才といわれたアジア史や日本の歴史の研究者である。そのジャンセン教授もまた、明治維新の〝特異な〟指導者として坂本竜馬にいたく興味を持った。ジャンセン教授は１９２２年生まれで、司馬氏より一つ年長である。そして名著『坂本龍馬と明治維新』をプリンストン大学出版から出したのは61年のことで、司馬氏が『竜馬がゆく』に着手する一年前だった。

ところが、この名著も、『竜馬がゆく』同様、翻訳のささいなミス（それもたった一ヵ所）から、解放同盟の糾弾にさらされたのである。それは、差別とは何の関係もなかった。問題の記述は、１８６６年、幕府が第二次長州征伐を行うに当たり、軍費調達のため町人に御用金の上納を命じたため、世相が険悪となった状況を説明した文章（第五章「薩長同盟」二二二ページ）の中にあった。

〈長州が降伏しそうにもないことがわかってみると、幕府は断じてやりぬくだけの実力もなければ準備もない遠征を、それでもやらないわけにはいかない羽目になっていた。大阪方面で資力のありそうなだれかれから――なかには特殊部落民もいた――強制借金を集め、それが一般の不信と不満を増大させた。戦意のない軍隊をかかえて、幕府は何とか面目のたつ平和解決はないものかと、必死の努力を試みた。〉

この「特殊部落民」という表現は、原文の「エタ・コミュニティー」を、「エタ部落民」と訳したのではキツすぎるという訳者たち（平尾道雄、浜田亀吉の両氏でいずれも故人）の配慮だったようだが、これがかえって災いした。たしかに、「特殊部落」という語は、明治4年、解放令により穢多《えた》・非人の称が廃止されたのち、従来の穢多部落に代わる呼称のひとつとして使われるようになったもので、幕末の長州征伐当時には存在しない語である。

この訳語を問題にしたのは解放同盟側の部落解放研究所・友永健三事務局長で、89年4月6日、文書で出版元の時事通信社に抗議した。

「全体としてはいい本なのに、どうしてこんな初歩的な間違いを犯したんだろう。〝特殊部落〟ということばは明確な差別用語であり、これを（二十四年間）放置してきたことは、時事通信社の認識の欠如を示すものであり、到底看過できる問題ではない」（『週刊ポスト』89年10月13日号）

解放同盟としては、〝差別か否かは文脈で判断する、ことば狩りはやらない〟と一応公言しており、このケースは、一訳語を訂正すればそれで済むことだったが、時事通信社側の対応がまずかったため、89年9月22日原野社長出席の糾弾会が開かれ、謝罪のうえ、本格的社内研修などを約束させられた。

問題の個所は「被差別民衆」という奇妙な語に換えられている。

電通式〝対症療法〟

83年の『竜馬がゆく』にせコピー事件のあと、電通は、謝罪広告などのほかはお座なりの研修会をくりかえしたにとどまった。ところが、また事件が起きてしまった。

三年後の86年9月2日、新設の地域開発室というセクションの業界紙記者説明会の席上、北村明久室長がニンニク生産で成功したアメリカのギルロイという町の話をした際、「その町に住むことが、日本でいえばエタ部落に住んでいる的な……」と述べ、たちまち解放同盟側の知るところとなった。

電通は累犯として解同からきびしく糾弾され、こんどは研修に本腰を入れることになった。87年9月、鎌田専務を長とした人権教育委員会が全社的研修を宣言、88年4月から一泊二日の研修が始まった。人権教育室がつくられ、調査、研修、相談のほか、人権啓発コピーやポスターのコンテストが毎年行われている。

その研修の中では、いかにも電通らしい二〇問からなる実験テストが行なわれた（別表62頁参照）。

「モデル回答が絶対正しいとはいわない」という留保がつけられてはいたが、「一応八割ぐらいの正解をとらないとコミュニケーションのプロとしては通用しない」（和田電通人権教育室長）とされた。八割といえば一六問正解である。

ところが、よく吟味してみると、出題は意外にトリッキーで、モデル回答と実情との間には大きな落差のあるものも少なくない。

●部落

まず、第一九問の「部落」について、モデル回答は、「差別的なひびきは含んでいない」という①にしている。このことは正しい。しかし、電通を含め、いまどきマスメディアが小集落の意味で「部落」の使用を認めているのは、『赤旗』ぐらいしかない。

解放同盟は、いまでは「部落を普通名詞に使うことは差別ではない」という態度を表明している。しかし、かつて芥川賞受賞の森敦氏の『月山』の中の「山ふところの小さな部落」などの表現が差別表現として解同から糾弾（74年1月）されて以来、メディアはこの語を「禁句」に指定した。

各社の用語集や取り決め集では、「一般的集落を意味しても、『部落』はなるべく使わない。誤解をうけるので集落、地区と言い換えるべきである」となっている。アツモノにこりた感じの「自己規制」だが、これが現実である。

●よつあし

同じようなことが第一四問「よつあし」についてもいえる。民放、NHKを問わず、「よつあし」は誤解を招くおそれが多いとして〝絶対不可〟の禁句に指定されている。

「これ自体差別的意味はない」などという説明はノーテンキである。そもそも電通は74年に、大正製薬リポビタンDの新聞広告のコピーで「ヨッ！　お疲れさん」とやって抗議を受け、「ヨォ！　やるじゃない」と改稿し、「よつ」についての過剰規制に先鞭を付けた広告代理店である。

●片手落ち

モデル回答は、差別のひびきを含んでいるとしているが、どんな辞書をみても「片手・落ち」という説明をしているものはない。この語は、NHKの大河ドラマ『峠の群像』(82年)の規制以来おかしくなったのだが、第1章で述べたように、忠臣蔵のキーワードは「ご政道の片手落ち」である。最後までこの語の規制を認めていなかった朝日新聞も、88年5月15日付大阪版投書欄で「許せぬNHK、片手落ち放送」という見出しが解放同盟関係者から抗議されたことから禁句に指定、この日本語はついに全メディアから追放されてしまった。

●北鮮

「韓国」との対比の略称は国際政治上の「問題表現」ではあっても、絶対差別用語ではない。95年2月号の『部落解放』誌の「差別と表現」特集の中では、詩人の金時鐘氏が「紙凧《ヨン》ひとつ高くあがれり北鮮の白き山を思えば」という小野十三郎氏の詩を引用して、「この詩のなかの『北鮮』は差別語だ、だからこの詩は差別だ、というべきではない。いってはならない」と述べている。

●支那チク

「支那」は差別語かについては197頁で詳しく述べているので参照されたい。「シナソバ」「シナチク」という複合語がどうして差別語になるのか、理解に苦しむ。これとの関連でいえば、電通人権教育室自身、「外人」は差別語だが「外人墓地」はそうではないと説明している(『広告と差別表現』95年3月)。95年には、『シナの五

差別語実験テスト・モデル回答

次の言葉に差別的なひびきが含まれていると思いますか。当てはまる番号をひとつだけ○でかこんで下さい。(○印はモデル回答)　電通人権教育室作成
(注)『JAAA』91 年 11 月 20 日号をもとに作成

	含んでいない	含んでいる			わからない	説明
		非常に	かなり	少し		
1　色弱	①	2	3	4	5	色盲の軽いもの、医学的にも使う。
2　デブ	1	②	③	④	5	他人から言われるとき、あまりいい気持ちがしないことが多いのではないか。
3　貧乏人	1	②	③	④	5	これも使われるとき、意外に強いひびきのあることが多い。
4　良妻賢母	1	②	③	④	5	この言葉には、人によって「婦道」のイメージが多かれ、少なかれあるとしたら、現代女性には差別的ひびきがあるのでは？
5　父兄	1	②	③	④	5	教育界でも、いまは「父母会」である。異論もあるが、男優位社会の名残と考える人が多いようだ。
6　支那チク	1	②	3	4	5	差別語。「支那」は中国の人からみると辛い思いでがある。
7　めくら判	1	②	③	④	5	なにも見ずに判を押すことは悪いこと。その悪い行為にめくらとは。
8　職場の花	1	②	③	④	5	女性は、花になろうと入社したのではない。いうまでもなく仕事をするために入社しているのですから。
9　特殊部落	1	②	3	4	5	差別語。明治４年の解放令によって平民となったのだが、このような呼び方で判別がつけられ差別は続いた。
10　北鮮	1	②	3	4	5	鮮人は日本の統治下で日本人が呼んだ蔑称。また、現在では北鮮・南鮮との呼び方は政治的な面からもない。
11　チェアマン	①	2	3	4	5	チェアパーソンと呼べという人もいて、差別的呼称と考える人もいる。女性の場合はチャアウーマンでよいのでは。
12　非人	1	②	3	4	5	差別語。江戸時代に作られた身分制度の最下層。
13　片手落ち	1	②	③	④	5	「片手＋落ち」ではなく「片＋手落ち」なので差別的ではないと考える人もいる。しかし、障害のある人の立場ではどうか。
14　よつあし	①	2	3	4	5	これ自体差別的意味はない。
15　駄菓子屋	①	2	3	4	5	「屋」がつくと「広告屋」のような悪いイメージが付加される。それに「駄」がつくと……。でも古くからの日本の言葉。大切にしたい。
16　と場	①	2	3	4	5	「屠殺」という言葉は使わないで、なぜなら悪い意味で使われるケースが多い、自分達の仕事はそんなに悪いのかとの意見。
17　現地人	1	②	③	④	5	ひびきが強い言葉
18　夫唱婦随	1	②	③	④	5	個人における価値観では問題ないが、現代の男女の一般的あり方としては意見がでよう。
19　部落	①	2	3	4	5	集落と被差別部落の２つの意味がある。ただそれだけ。
20　黒ん坊	1	②	③	4	5	黒人からは「ジャップ」「チャンコロ」のような意味で受け取られる。

にんきょうだい』（１９３８年クレール・ビショップ作）が、一七年ぶりに瑞雲舎から刊行され、話題になった（95年11月18日付朝日新聞）。

●チェアマン

アメリカのＰＣ運動にあおられて、日本でも『当世アメリカ・タブー語事典』（文藝春秋）とか『政治的に正しいおとぎ話』（ＤＨＣ）などという便乗本がでていて、「チェアパーソン」か「チェアー」への言い換えが始まっている。

●色弱

「色盲」の軽いものという説明で差別性なしとされているが、その後、こうした語へのチェックが強まり、いまでは「色盲」「色弱」とも「色覚異常」と言い換えられている。

以上、電通テストについて悩ましい問題点を列挙したが、果たしてあなたはどう考えますか。

8

「電通人のための人権ハンドブック」考

電通は、二つの差別事件で部落解放同盟から糾弾されたあと、組織的で大がかりな研修を行い95年3月には、研修活動の集大成として『広告と差別表現』を〝電通人のための人権ハンドブック〟という副題を付けて刊行した。一八〇ページのこの本は「社内限」とされているが、広告業界の〝お手本〟として使われると思われるので、ここでやや詳しく触れることにする。

内容は、先に紹介した「実験テスト」のような問題点を含みながらも、「人権とは」「差別表現とは」などの定義や、部落、女性、障害者、アイヌ、「在日」外国人、職業差別など各分野別に留意すべきポイントを多角的に記述している。広告業界らしく重い問題も軽いタッチで料理し、面白く読ませるようにしているのだが、問題と思われる個所も少なくない。

「デブ」に差別的ひびきありや

まず「デブ」についてのケース・スタディの例を紹介してみよう。

電通人権教育室では、ことばの差別性を考えるにあたり、そのことばに「差別的ひびき」のあるなしが重要なカギになると判断している。あることばについて「あなたは差別的（侮蔑的）ひびきをどの程度感じますか」と質問された場合と、「差別的ひびきをどの程度持っていると思いますか」と聞かれた場合とでは、回答結果が異なる。主観的評価と客観的評価のちがいである。

ちなみに「デブ」について電通社内の人権推進委員に差別的ひびきの有無とその程度について質問したところ、「差別的ひびきは含んでいない」は22％、だったのに対し、「含んでいる」は73・3％にのぼった。その「程度」の内訳でも、「かなり」が23・4％、「非常に」が25・9％となっている。

そして、結論としては、自分がそう思わなくても「世の中に差別性ありと思う人もいると思われることば」については、「差別的ひびきあり」とすべきであるとしている。つまり、「デブ」には「差別的なひびきがない」という回答は、コミュニケーションに携わる人としては「あってはならない」「落第」だと電通人権教育室は判断を下している。

「バカ」は差別語？

しかし、問題になる場合は、デブのように単純なケースでないことが多いのである。また、「世の中に差別と思う人もいると思われることば（表現）」はダメだという考えをつきつめていくと、「一人でも不快感」を訴えたら「やめよう」ということにもなりかねない。

そのいい例が、「デブ」のあとに紹介されている「バカ」についてのケース・スタディで、ここでは、かつて「近ごろバカが多くて疲れません?」というテレビCMが中止になった事件をとりあげている。

〈ことばの性格上「バカ」は不快だという人はいます。「バカ」ということばは知的障害者を持つ家族にはつらい表現であり、またこうした表現がテレビで露出されるときは治療にも影響するという医師側の見解もある〉――『ハンドブック』はこのように述べているが、これでは「不快語はCMに使えない」という原則を示しているとしかとれないし、治療に影響ありという医師がいるのなら、そのことこそもっと具体的に明らかにすべきである。

問題のCMは91年6月、桃井かおりを起用したエーザイの栄養ドリンク剤「ショコラBB」のケースであり、「バカにされたようで不愉快だ」という視聴者からのクレームで、わずか一〇日で中止に追い込まれた。このバカバカしい措置は当時、世間の失笑をかったが、中止のあとのCMがまたふるっていた。「世の中、利口が多くて疲れません?」。

『ハンドブック』はケース・スタディと銘打ちながら、この「利口」と言い換えた場合の問題については一切触れていない。

庄内米CM事件

次は94年10月の「庄内米CM」事件についてのケース・スタディである。

このCMは、山形県庄内地方の庄内経済連と「婦人生活事業部」(東京)が制作したもので、「はえぬき」(ササニシキ系)と「どまんなか」(コシヒカリ系)の二つの庄内米のうまさを宣伝する目的で作られた。

問題の作品は「庄内一族の野望」のタイトルにつづいて、「コシヒカリ家とササニシキ家の宝よ」のナレーションのあと赤ちゃんに模した米粒が登場、「うまさの血統」の字幕とナレーションが入り、最後は「庄内米、はえぬきとどまんなか」で終わる。

94年10月はじめの山形県内での放送につづいて、中旬から東京や大阪で放送の予定だったが、事前チェックした大阪の毎日放送は、「○○家」や「血統」をからませた作品は身分差別の助長につながるとして、代理店を通じて作り替えを要求した。

制作サイドや、東京・名古屋などでの扱いを引き受けた電通では、いずれもとまどいを感じたが、期日が追っていたため、タイトルを「庄内米誕生伝説」とし、「コシヒカリ家とササニシキ家の宝よ」を「わたしたちコシヒカリとササニシキの宝」へ改め、「うまさの血統」も「うまさの出会い」と改稿して作り直した（94年10月24日、朝日新聞）。

電通『ハンドブック』では、〈このCMの場合、ことばの問題ではなく、表現全体での差別性はどうかということになりますが、これを考えるに当たっての明確な基準は存在しません。表現により痛みを感じる人がいたとしても、社会通念上許されるとして認められるものもあると思います。ケースバイケースで検討されることになります〉と述べている。

そして電通人権教育室は、このケースの場合、差別表現についての三つの基準、①侮辱の意図の有無、②はなはだしい苦痛を与える、③侮辱の意図はなくても差別を温存、助長する、のいずれかに当てはまるかどうか検討したうえで、結論としては、〈必ずしも差別表現とは言い難い、判断の分かれるものではないかと思われます〉と述べている。

これは前述の「デブ」や「バカ」で示した原則——不快と感じる人がいればつっぱるべきではない、という考え方とは必ずしも一致しない。つまり、電通としては、毎日放送のコダワリがよほど腑におちなかったのだろう。

〈商品の評価基準をコメそのものの〝質〟におかず、家柄や血統など前近代的なものに置いた点で広告作品として検討の余地ありと考える〉としぶしぶシメくくっている。

コードレスホンCM事件

この「庄内米CM」と同様、電通としては「差別ではない」と判断したのに、差別事件にされて放送中止となったケースに、93年5月の三洋電機「コードレス電話機」のCMがある（51頁参照）。

この時は、所ジョージが袋詰めになったシーンに、「障害者に対する配慮が足りない」という視聴者からの電話があったのがキッカケだが、「一人でも誤解を招くなら、やめるのは当然」という広告主の意向が決定打になった。業界や電通内では、六ヵ月も問題なく放送し、ポスターでも使われて好評を得てきたのに中止とは「なぜ?」という不満の声が聞かれたが、この件についても『ハンドブック』は何も触れていない。

ここで、逆のケースをついでに触れておくと、キンチョー蚊とり線香の「ハエハエ、カカカ」というCMは、電通サイドはドモリの人への不快感を心配して反対したが、スポンサー側が企画を押し通して放送された。

広告表現の自由は狭いか

電通『人権ハンドブック』でもっとも気になる点は、広告における表現の自由をごく限定的に考えていることである。

〈広告の表現の自由は報道、文学、芸術に比べ狭い、すなわち自由の保障が限定されているのが妥当な見解と思います。ですから、差別と指摘されたとき〝表現の自由だ〟と頑張ることはなかなか出来にくいということにも

なります〉

さらに次のように解説している。

〈「国の施策に対し厳しい批判の報道」と「読書週間に〝目がつぶれるほど本が読みたい〟という広告表現」を比較してみる。前者の報道に対し、国から望ましくないと指摘があったとき、報道機関はあくまで表現の自由を主張するだろう。しかし、後者に対し、目が不自由な人から「不快な表現」という指摘があった場合、「表現の自由」の立場もあるが、障害者の立場を配慮して広告を止める立場もある。

このような差が出るのは、ひとつは情報の価値の差である。「国の施策に対する批判」と一企業の「本を読もう」という情報と、国民生活にどちらが重要かである〉

「目がつぶれるほど本が読みたい」というコピーは、かつて角川書店が読書週間の宣伝キャンペーンとして行ったが、抗議があったため「差別表現とはいえないと思うが、障害者の気持ちを考えて」中止にした。

ともかく、電通の考えでは、「意見広告」は別として、企業の商行為としての広告の中味の可否については、「豊かな生活のための情報」の範囲を越えないよう自主規制するのが基本であり、その結果「広告表現の自由度は狭くなる」のだという。

しかし、この議論は、一見もっともらしくみえて、たいへん形式的である。

広告といっても最近は多様であり、商品宣伝をしないベネトンのような広告もあれば、公共広告もある。また、テレビのゴールデンアワーでのコマーシャルや新聞の全面広告から、特定読者を対象にした雑誌での個性的な広告まで、ひと口に広告といっても一様ではない。広告代理店と広告主による広告活動が、たんなる商品の宣伝にとどまらず、大きなキャンペーンとして社会を動かしている、という説もある。

それだけに電通人権教育室のこの見解には、根幹の「表現の自由」の問題に目をつぶる〝問題回避〟の姿勢が色濃く影をおとしているように思われてならない。

9 放送界のタブーに挑戦した『朝まで生テレビ』の三年

92年5月4日深夜、テレビ朝日の『朝まで生テレビ』は「差別・人権と表現の自由」を放送した。89年7月28日の「人権と部落差別第一弾」、同年11月24日の「第二弾」につづく、部落問題についての「第三弾」だったが、前二回とは設定が異なっていた。第一弾、第二弾では社会党系の部落解放同盟（以下、解同）のほか、共産党系の全国部落解放運動連合会（全解連）と、保守系の全国自由同和会（全自同）の代表も出席しての激論となったが、第三弾は解同の小森書記長と解同系の部落解放研究所の友永事務局長のみが部落代表として出席、さながら〝解同独演会〟となった。

第三弾に入る前に、89年の二回について、あらましを報告しておく。

「人権と部落差別」第一弾

解同、全解連、全自同の解放運動三団体が一堂に会して討論するのも初めてなら、テレビが差別用語問題や糾弾を正面に据え、四時間もの生放送を行うのも初めてだった。89年7月28日深夜の『朝まで生テレビ』「徹底討論！

人権と部落差別第一弾」は、まさに画期的な放送だった。原発、天皇制などタブーに挑戦してきたテレビ朝日の日下プロデューサーらは、マスコミ界最大のタブーだった部落問題についても司会の田原総一朗氏らと長年企画を練り、まず解同側に打診したところ、犬猿の仲である全解連の出席や、討論での差別語の使用も了承された。

解同が合意した背景としては、次のような事情が考えられる。

81年、北九州土地ころがし事件で解同幹部の不正が発覚して以来、解同や全日本同和会への批判が高まり、これを受けて84年から87年にかけて政府の地域改善対策協議会（地対協）や総務庁から、解同の糾弾路線を強く批判する意見具申や指針が相次いで出され、解同は防戦を強いられた。

こうしたなかで、朝日新聞が、解同不正腐敗の実態について長年にわたって大特集を組み、たまりかねた解同が、いくつかの差別用語をきっかけに86年、朝日新聞と全面対決、『朝日新聞のここが問題だ』を刊行（87年12月）した。しかし、二年にわたった朝日対解同の激しい対立は、88年5月の会談で一応の手打ちとなった。つまり、同和問題をめぐる政治情勢が大きな転換期になり、とりわけ糾弾路線に対して国民的批判が高まるなかで、危機感を強めていた解同にとっては、『朝まで生テレビ』の企画は打って出るタイムリー・チャンスだったといえる。

討論のなかでは、「〝片手落ち〟が差別につながると、〝片側落ち〟に改められた」（大谷昭宏・ジャーナリスト）、「個人の糾弾はあってもいいが、解同はマスコミや行政の〝組織〟を相手にボス交渉しようとしている。表現者個人が対決できないのは逆糾弾だ」（大島渚・映画監督）などの体験談が出され、折からホットな話題である径書房《こみち》の『長崎市長への七三〇〇通の手紙』初版絶版事件について、解同と他の出席者との間で激しいやりとりが行われた。

全解連側は、「全体の文脈を無視してことばだけをとりあげる。解同批判は差別、という解同の暴力的糾弾で国民は恐怖をいだいている」と述べ、司会の田原氏は、「糾弾で差別用語は使われなくなったが、意識がウラへもぐっただけではないか」と追及した。

　これに対して小森氏（解同書記長）は、「大島氏は糾弾はいいが外側から攻めるのはイカンという。しかし、個人だと開き直りもいるので、行政や上役と交渉していくパターンができ上がった。全解連は、部落排外主義と攻撃するが、もしそうだったら我々の運動はこんなに大きくなっていない。糾弾そのものがイカンということになると、全部こっちが悪いことになってしまう」などと反論した。

　深夜にもかかわらず、この『朝まで生テレビ』は2・7％の視聴率を上げた。全国で二〇〇万人近い人が見たことになる。また、番組中に一三〇〇件近い電話がかかってきた。

　ところで、折から進行中の『長崎市長への手紙』事件では、『生テレビ』で大島氏が「出版社でなく個人に抗議すべきだ」と述べ、また丹波正史氏（全解連書記次長）が「解同が手紙を削除するか反論を掲載させろといっている、と新聞にのっている」と追及したのに対して、小森氏は、「新聞はたくさんウソを書いているし、あんまりバタバタするとハレーションが起こっていろんなことをいうものがおるけん、少しは息を入れないといけない」と述べ、解同の削除・反論掲載要求について、ことばを濁していた。

解同敗訴の矢田事件再び

『長崎市長への七三〇〇通の手紙』は、89年5月15日初版第一刷発行以来、大反響を呼んだが、掲載された手紙の一通について解同が差別文書として削除を要求、径書房側は第一版六刷でとりあえず絶版措置（6月26日）とし、改めて「手紙の削除には応じられない」という径書房の見解と、これに対する解同側の反論を巻末に加える形で、二ヵ月半後の89年9月6日ようやく『増補版』の発行にこぎつけた。

問題とされたのは、解同の糾弾闘争の突破口とされた大阪・矢田事件で糾弾を受けた当事者の一人が、市長への手紙の中でその時の状況に触れ、「議論を封じる行為は人間否定」と書いたことが、解同から重大な差別文書として糾弾されたのである。

69年3月に起こった「矢田事件」は、大阪市教組の役員選挙に立候補した木下浄教諭があいさつ状で「労働時間は守られていますか、進学や同和のことでどうしても遅くなることはあきらめなければならないのでしょうか」と書いたことが、部落解放運動に敵対するものとされ、関係者が解同から監禁を含む暴力的糾弾を受けた事件である。木下氏らが提訴した裁判では、刑事一審の大阪地裁が75年6月、「あいさつ状は結果として差別を助長する。糾弾に刑事罰を課すほどの違法性はない」として無罪を言い渡したが、81年3月の大阪高裁は「あいさつ状に差別性はあるが、糾弾は限度を越えており違法」として、解同矢田支部長らに逆転有罪判決（懲役二月、執行猶予一年）を下し、82年3月最高裁で確定した。

一方、矢田事件民事訴訟では、大阪地裁判決（79年10月30日）が木下あいさつ状の差別性を否定、「特定の運動方針に固執するものが、その主観的立場から、恣意的に差別の判断を行うことは、異なった意見を封ずる手段として利用され、ついにはこれに反対する人々の存在すら許さない独善的結果に陥ることになる」との判断を示した。その後、大阪高裁、最高裁でもこれが支持された。

最終的には刑事、民事とも解同側が有罪・敗訴となったにもかかわらず、解同は「矢田事件」を踏み絵にして70年代前半、全国であいついで行政闘争を展開、木下あいさつ状を差別と認めさせ、同和行政は解同を通じて行うという「窓口一本化」を進めていった。

「はじめに矢田事件あり」といわれるこの事件は、解同の生命線である糾弾闘争の歴史的原点であり、それを正当化しない書物の発行はいまなお許しがたい行為とされている。

「人権と部落差別」第二弾

『朝まで生テレビ』第二弾は89年11月24日に放送された。第一回放送で「そもそも部落問題とは何か」を知らない人が多いことが電話の反響で分かったため、第二回では、冒頭部分で「水平社宣言」の朗読につづいて、VTRで永六輔が大宝律令のむかしからの部落の歴史をかいつまんで紹介、丸岡忠雄氏の詩「糾弾」を朗読した。

第二弾では、部落差別の現状や「差別はなくなりつつあるのか」などについて解同と全解連が激しい応酬を行ったが、議論はかみ合わなかった。全解連側は、二〇年間に八兆円の国費や公費を注ぎ込んだ結果「部落の生活実態は大きく改善され、差別は解消過程にある」として、残った事業は「同和という特別措置ではなく一般行政の中で解決していくべきである」という立場から発言。解同側は、「全解連は我々の運動の端っくれをツツいているだけだ。彼らは〝差別はなくなった〟といわないと運動の相違点が出てこないのでそういっているだけだ〟と述べ、「差別がなくならない以上、法律は必要」だし、むしろ差別問題での永久立法化の必要性を強調した。

これに対し、保守系の全自同の茗荷完二副会長は「人権基本法」の必要性を主張したが、解同の小森氏は「人権基本法のためには、部落解放基本法が突破口として必要」だと述べ、両者の間に大きな違いがないことを示した。

解同と全自同は、その後も政府の「地対協（地域改善対策協議会）」に両者共同推せんの委員を送り込んだり（90年12月）、両者の呼びかけで「同和問題の現状を考える連絡会議」（同現連）を結成（91年2月27日）するなど、共闘がつづいた。こうした同和問題での〝自社共闘〟の成立もあって、最後の同和特別立法といわれた「地域改善対策財政特別措置法（地対財特法）」の五年延長が、92年3月、国会で可決された。

第二弾も視聴率は2・6%、深夜の討論番組としては高率だった。

第三弾は「表現の自由」で

特別立法の五年延長が決まった時期をとらえて、92年5月29日の第三弾の放送となったのだが、前二回の放送が「運動団体の足のひっぱり合いで中途半端で終った」と判断した制作関係者は、全解同と全自同をはずし、「今度は解同だけでつっ込んだ論議を行う」ことにしたという(テレビ朝日関係者)。

ひとつには、91年11月29日、これまで訴訟など起こしたことのない解同が、宿敵の全解連と部落問題研究所を相手どり名誉毀損の訴えを京都地裁に起こしたことから、裁判の当事者同士を同席させるのはまずいという判断が働いたのであり、また糾弾問題の焦点は結局解同であるという認識もあったためとみられる。

出席者の人選に当たっては、朝日新聞記者当時、解同批判の記事を書いた高木正幸氏(帝京大教授)や、糾弾から公開討論に発展した早川書房の『日本/権力構造の謎』事件(90年10月)に関係した五十嵐二葉弁護士も加え、解同批判派の手薄なところを補う形にはなっていた。

この二人に関係した事件をかいつまんで触れておく。

高木氏は、81年3月16日付朝日新聞「月曜ルポ」欄で、広島県下の小学校長連続自殺事件をとり上げた際、「背後に同和教育の悩み?」と書いて解同広島県連(小森委員長)から糾弾を受け、一ヵ月後に同じ問題で一八〇度違う記事(6月21日付「教育のひろば」)を書いた。しかし、高木記者はその後、北九州土地ころがし事件から一転して解同の不正腐敗を追及する論陣を張り、ついには「朝日対解同」の対決のなかで、解同から差別記者と名指しを受けた。また、政府の85年以降の地対協委員として、解同批判の意見具申の作成にもたずさわってきている。

一方の五十嵐弁護士は、90年9月30日早川書房発行の『日本／権力構造の謎』(カレン・ヴァン・ウォルフレン著、篠原勝訳)の中で、解同の糾弾戦術を〝おどし〟と規定したことや、「特殊部落」という訳語が使われていたことについて解同が強く抗議した際、著者や出版社の法的相談役として関与した。『日本／権力構造の謎』事件は、販売の一時留保や広告の中止のあと、ウォルフレン氏と解同小森書記長の間で、外国人記者クラブで公開討論(90年10月30日)が行われ、そのやりとりを小冊子で本にはさみ込む措置がとられた。

放送現場は用語規制に批判的

さて、『生テレビ』第三弾の冒頭、テレビ朝日が東京と大阪のマスコミ現場で働く一八九人(対象三〇〇人)から集めたアンケート調査の結果が紹介された。それによると、別掲の通り、「差別用語規制に納得できない」が59%、「ことばの規制で差別はなくならない」が69%、「解同〝糾弾〟は納得できない」が58%、「糾弾は有効な手段ではない」が75%と、用語規制や糾弾に批判的な意見が多数を占め、糾弾を避けるために心ならずも用語規制を行っている現場の実態を浮き彫りにした。

とくに「糾弾は納得できない」という回答に添えられた意見として、「民主主義を大切にすべき団体が全く逆のことをしている」、「抗議される側の人権侵害にもなりかねない」、「端的にいって多数の暴力である。三〇〇年にわたり差別されたのだから、当然の権利だという論理は一般社会では通用しない」などが放送のなかで紹介された。

ついで、解同の小森氏が、ごく最近の差別用語事例として、92年3月27日放送の『朝まで生テレビ――激論・

政治が日本を滅ぼす?』のなかで、ある政治家が「国会改革、政治改革は特殊部落になっている」という趣旨の発言を行い、その際、田原氏が「それは被差別部落といいうんでしょう」と注意した事例をとりあげ、「この処理の仕方はまずい」「一種の言い換えであり、なにが問題なのかをはっきりさせなかったのが典型的な誤りだ」と指摘した。また、朝日新聞社の『アエラ』(90年8月7日号「現代の肖像・山岸章編」)で、山岸連合会長が「あのときは三日三晩隠坊《おんぼう》をやった」と発言したことをとりあげ、小森氏は、「いやな職業をひき合いに出して表現するのは差別であり、山岸氏のような日本を代表する人物としては、天下にはっきり弁明すべきである」と述べた。

論議は系統だてて進まなかったが、高木氏が「ことばは状況とともに変化する。侮蔑の意思があるかどうかは一体だれが判定するのか聞きたい」と問題提起すると、小森氏は「そういう言い方はきたない。誰でもいやなことにはけしからんと一般的にいう。なぜ部落だけ、誰が判定者かなどというのか。根性がヒネくれている」と反論した。

また、マスコミ人アンケートが糾弾に否定的なことについて、小森氏は「自分が困ることについては身勝手に答えているのである」と述べ、司会者から「手前勝手というがそれが本音であり、これをどう説得するかが問題なのだ」とたしなめられた。また、五十嵐氏は「マスコミが自己規制せざるをえない雰囲気がある。何をいえば怒られるのか境界線がはっきりしない。正当と思っても怒られる」と疑問を呈したが、小森氏は「こちらが文句をいうのも言論の自由だ」と答えた。

このほか、小森氏は「法務省人権擁護局は人権破壊局だ」とか、「数百年の差別の歴史に対して、二〇年で八兆円使ったからもういいということにはならない。自衛隊に多額のカネを使っているではないか」などと、解同の考え方を述べた。

番組中一〇〇〇通をこす電話がかかってきたが、マスコミの規制に賛成23%（二三五通）、反対53%（五三八通）となり、司会者は「壁は厚い」と感想を述べていた。

「差別と表現の自由」についてのマスコミ人調査
東京・大阪の新聞、テレビ、雑誌で働く300人を対象に92年5月18日～29日にテレビ朝日が実施し、189人から回答を得た

①今のマスコミに表現の自由があると思うか。		
あると思う	81人	(42・9%)
ないと思う	62人	(32・8%)
その他	46人	(24・3%)
②表現における差別（差別用語）規制のあり方について		
納得している	48人	(25・4%)
納得できない	111人	(58・7%)
その他	30人	(15・9%)
③現在のような表現における言葉の規制で世の中の差別は(どうなるか)。		
なくなる、減少する	28人	(14・3%)
変わらないと思う	131人	(69・3%)
逆に増える、強まる	26人	(13・8%)
不明・無回答	4人	(2・1%)
④マスコミは差別をなくす（減らす）のに役立っているか。		
役立っている	68人	(36・0%)
役立っていない	83人	(43・9%)
その他	36人	(19・0%)
不明・無回答	2人	(1・1%)
⑤部落差別はなくなりつつあると思うか。		
なくなりつつある	87人	(46・0%)
現状は変わらない	87人	(46・0%)
より悪化している	3人	(1・6%)
不明・無回答	12人	(6・4%)
⑥解放同盟のこれまでの運動のあり方について。		
評価する	22人	(11・6%)
一部評価する	126人	(66・7%)
評価しない	30人	(15・9%)
不明・無回答	11人	(5・8%)
⑦解放同盟の抗議行動や〝糾弾〟をどう思うか。		
納得できる	20人	(10・6%)
納得できない	109人	(57・7%)
その他	59人	(31・2%)
不明・無回答	1人	(0・5%)
⑧〝糾弾〟は差別をなくす有効な手段だと思うか。		
有効な手段と思う	15人	(7・9%)
有効な手段と思わない	142人	(75・1%)
その他	32人	(16・9%)

10

「部落」は「集落」に言い換えるべきか

第1章で、「忠臣蔵」のキーワード「片手落ち」に関連して、大手出版社でつくる「出版・人権差別問題懇談会」が行った「差別表現についてのアンケート調査」の一部を紹介した。この調査がとりあげたいくつかの差別関連表現の中から、ここで被差別部落に関する表現について、出版編集者が日頃、何を思い悩み、どう対処しているかを、最近の具体的事例を交えて検証してみることにする。

懇談会と懇話会

具体例に入る前に、そもそも「出版・人権差別問題懇談会」(以下「出人懇」)とはどんな組織なのかについて触れておこう。

「出人懇」が立ち上げられたのは90年7月17日。東京で開かれた総会には講談社、小学館、岩波書店、NHK出版など二五社三〇人が出席、年一回の総会のほか、適宜研修会を開くこととし、事務局を神保町にある部落解放同盟(解同)直系の解放出版社に置くことなどを決めた。このことでもわかるように、「出人懇」はもともと解同の肝入りで作られた組織である。

話は80年代初頭にさかのぼる。解同は79年から80年代前半にかけて、大がかりな「出版物の一斉点検」を行った。解同の方針を支持する学者、文化人、教師、諸団体などの協力で多数の図書や刊行物がチェックされ、79年から82年の三年半だけで小説、評論、学術書、実用書、マンガ、辞書など合わせて九〇点が「差別文書、図書」として摘発された。

その中でとくに目立ったのが角川書店で、夏目漱石の『坑夫』の中の「芋中《いもじゅう》の穢多《えた》」という表現を自己規制して伏せ字にした際、巻末の注で「特殊部落の人々への蔑称」云々という記述をしていたことが81年初めに指摘され、きびしい糾弾を受けた。角川書店では、このあとも『漢和辞典』や柳田国男の『地名の研究』などの一部表現を追及されている。

この角川書店の辞書の追及をキッカケにして、解同系の部落解放研究所が大手七社の辞書について、部落問題関連の二二語の説明文を点検、きびしい批判を加えた結果、各社は辞書の記述を大きく書き改めた。

こうした〝差別〟図書摘発の一方、82年11月には角川書店、講談社、新潮社など二五社六〇人を集めた解同主催の研修会が東京・六本木の解同本部で開かれ、解同側は「出版界の自主組織を作ってほしい」と要望した。また、各社との個別会談では、社内に差別問題担当窓口の設置、研修態勢の確立、出版内容で部落解放に協力することなどの要求が出された。そして紆余曲折の末、90年7月の「出版・人権差別問題懇談会」の発足となったのである。

この「出人懇」とは別に、新聞社と放送局による「人権・マスコミ懇話会」という〝窓口一本化〟組織があるが、こちらのほうは出版より一足先の84年4月に解同本部で設立総会が開かれている。この「懇話会」には朝日、中日、読売、産経、東京の各新聞社や、通信社の共同、時事、NHKや民放キー五局などマスメディア大手一九社がすべて加盟している。設立のキッカケになったのは83年秋の毎日新聞大型糾弾事件（投書欄の「非人」の字句追及）であった。この時は当該投書事件だけでなく、51年から79年までの二八年間に指摘を受けた九回の「差別事件」が〝前科九犯〟として追及された。

「懇話会」の日常活動は、解同との定例懇談会、解同の研修会への参加、差別事件の個別処理、自社研修会への講師派遣依頼などの「窓口」業務であり、記者詰所は解同本部となっている。

言い換え集でなく理論を

「出人懇」の加盟社は、発足当初の二五社から三九社にふえ、日本の出版界を網羅した組織になっている。文藝春秋、新潮社、講談社、小学館、岩波書店、角川書店、中央公論社、集英社、光文社、筑摩書房、福武書店から発展したベネッセ・コーポレーション、主婦の友社、主婦と生活社などの大手出版社に加え、NHK出版や毎日、読売新聞の両出版局も参加している。朝日の出版局は「解同対朝日」の対立があったせいか入っていない。「出人懇」の運営は数社の幹事社が行っており、事務局の解放出版社はオブザーバー参加で、日常的な事務を担当している。

発足からしばらくの間は解同との懇談会や研修会、研修旅行への参加でお茶を濁していたが、もっと自主的な活動をしようという空気が幹事会の中で強まり、日頃接点のある学者などを呼んで年数回の「勉強会」が開かれるようになった。

こうした活動の蓄積の中で、常日頃、編集者を悩ましている「差別表現」について徹底的に調査しようということに話がまとまり、98年春、四〇の微妙な表現を選んでアンケート調査が行われたのである。

これは、ある意味でコワイことである。出版界を背負っている編集者自身の知的水準や思考傾向が露わになり、恥を天下にさらすことにもなりかねない。ましてや、いくら「ソフト路線」になったとはいえ、解同の見守る中で本音をさらけ出すことには、「いったい何を研修してきたのか」と批判される危惧がある。

しかし「出人懇」幹事会は、あえてこの自主企画の推進に踏み切った。ひと昔前の暴力的糾弾は影をひそめたとしても、差別表現に対する異議の申し立て、抗議はさまざまな分野に広がり、現場の悩みは果てしないという現実があったからである。ある出版社はかねてから「言語空間の息苦しさ」と表現していた。

アンケートの実施に当たっては、〈出人懇で差別表現についての線引きをしようということではなく、また、言い換えのマニュアル作りをしようというのでもありません。今まであやふやなままで済ませてきたところを、もう一度原点にもどって何が差別かを考え直し、それをもとに各社で差別問題に対する独自のスタンダードを作る一助になればいいと思います〉という趣旨が伝えられた。

新聞社や放送局のほとんどが「取り決め集」（朝日新聞）、「用語についての研究資料」（テレビ朝日）、「差別表現・不快語・注意語要覧」（読売新聞）、「記事基準集」（共同通信）などの内部用のガイドライン付禁句言い換え集を持っている。しかし出版社の場合は、こうした自社製の言い換え集を持たない。出版社では、問題があれば「編集総務」（新聞社の校閲や、放送局の考査部門に相当）という専門職と相談し、最終的にはそれぞれの担当編集長の判断で、表現を変更するかしないかの結論を下す例が多い。

ひとつには、新聞や放送の記者の場合、自分たちが原稿を書く。しかも、短時間で判断しなければならない事情から、取り決め集が〝発達〟していった。これに対し出版の場合は、作家やライターなど外部執筆者の原稿を扱う間接作業が多く、勝手に変更できない事情があるうえ、適否を検討する時間的ゆとりもそれなりにある、という違いがある。しかし、マニュアルはなくても、著者と意見が食い違う場合、編集者の立場は非常に弱く、著者に納得してもらうためにはそれ相応の理論武装が必要だった。

したがって、今回のアンケート調査のねらいは、「表現」というたいへん複雑、難解な問題でどういう「理論」を持ったらよいかについて、業界内の衆知を集めようということにあったともいえる。

「部落」は問題あるか

アンケートは、部落問題や屠殺場関連、盲目、オシ、ビッコ、ツンボ、キチガイなどの障害者関連表現、それにバカチョン、鮮人、アイヌなど民族関連と、その他（オカマ、自閉症など）の「差別表現」を、短い文章で四〇問出題し、問題ありかなしかの二者択一で答えてもらうという形がとられた。そして、とくに意見があれば付け加えることになっていた。設問は、過去に問題となった事例や、その扱いで常に悩まされている厄介な表現が選ばれ、具体例がある場合には短い注釈が付けられた。

アンケートに参加したのは加盟三九社中三一社で、各社とも編集デスククラス（数人から四、五〇人）が回答したが、ベネッセ・コーポレーションだけは編集関係全員（五七二人）が参加した。その結果、回答総数は一〇五七通に達した。

では、設問をとりあげていこう。初めは「部落」である。

> 峠から下を見ると、眼下には数十戸の家々がひっそりと肩を寄せ合うようにして、ひとつの部落をつくっていた。

問題なし　43％
問題あり　57％

「問題なし」の回答の意見としては、「集落の意味で使っているのであり、まったく問題はない」というのが多いが、「問題はないのだが、念のため集落に換えた方がいいのではないか」という意見も少なからずみられた。「問題あり」の意見では、「『峠の下』とか『ひっそりと肩を寄せ合う』という表現が差別的印象を与えるので言い換えた方がいい」「歴史小説なら別だが、いまのものなら集落とした方がいい」などがあった。

そして、アンケートをもとに98年7月15日に開かれたシンポジウムでは、「問題ないとしながら念のため…というのは、まったくおかしい」「普通名詞として『私の生まれた部落は』といってもまったく問題はない。私たちはそろそろこうした誤解から卒業しなければならない」「問題があるとすれば、『問題あり』と答えた人が半数以上もいるということだ」などの意見が出された。

『気違い部落周游紀行』

これは何も出版界だけのことではない。放送の世界ではどの局も〈部落〉→〈集落〉〈地区〉などと言い換えを指定している。最近は普通名詞「部落」の事例をそのままにするケースも見受けるが、数年前までは絶対禁句だった。まず、NHKの天下周知の事例をあげておく。

75年7月25日、『気違い部落周游紀行』の著者で知られるきだみのる氏が亡くなった時のニュースで、「東京都下に住みその体験をもとにした作品は有名です」とだけ伝え、作品名をダブル差別語としてカットした。

ＮＨＫはその後も今日にいたるまで、たとえ生番組の出演者が「わが部落」といっても、アナウンサーは「集落」といい換えるルールをかたくなに守っている。一例を示すと、96年2月25日夜『七時のニュース』で富山県利賀《とが》村の初午《はつうま》をとり上げた際、ワラのウマを作る地元の宮下さんが「下の部落、上の部落」と言っているのに、ナレーションでは「下の集落、上の集落」と述べていた。

これがもっと以前なら「おわび」のコメントが付いていた。たとえば、93年11月28日ＮＨＫテレビ『討論・コメ鎖国か開国か』の中で、社会党代議士が「米を作っている部落」と発言したところ、ＮＨＫ司会者は番組の最後で「不適切な発言がありました」とおわびした。

新聞でも「部落」に関しては同じようなことが起っている。朝日新聞の例でみてみよう。

ＮＨＫの事例で述べたきだみのる氏の住んだ「気違い部落」は八王子市恩方《おんがた》地区にあたるが、朝日新聞は96年4月初め東京（北部）版で五回にわたり「恩方の春」という連載を行なった。

〈四一年前。市内の養鶏場の見習いだった高澤（注・郷土史家65歳）は、文学サークルのメンバーでもあった。当時の売れっ子作家、きだ・みのるの著書『気違い部落周游紀行』を、むさぼるように読んだ。きだは疎開先の旧恩方村・辺名《へんな》集落の廃寺に腰をすえ、日本の地縁・血縁社会をユーモラスに描いた。

「ムラ社会を風刺する自由奔放さに、僕は新鮮さを感じたねえ」

（中略）しかし、「気違い」扱いされた地元はたまらない。かまを振りかざし、寺からの立退きを迫った。きだは一九五五年、八王子市議選に立候補したものの、得票数は二十三票。最下位で落選した。〉

面白い記事なので、やや長く引用したが、同じ連載の別の回でも「恩方地区の川原宿集落」という記述がある。

記事を書いた小泉信一記者は、きだ氏の趣旨を否定するかのように「集落」でとおしている。

きだみのる氏にはそのものずばり『にっぽん部落』という岩波新書の著作があるが、いまは絶版である（81年10月第一六刷）。その中で、きだ氏は延々と「部落」について書いている。絶版なので一部を紹介しておこう。

〈ここで部落という文字で指しているのは旅行やピクニックのとき読者が海岸や畑の間、山陰や丘の中段などにいくらでも散在している民家の集まりのことで、もっと注意深い眼ならその傍に小さな産土社を神木の陰に見つけるのが普通だ。住民たちは同じ村の他部落の者の前で、とくに自分の部落を強調したいときには「うらが部落じゃあ云々」というが、一般的には他村や都会の者の前だと「部落《むら》じゃあ云々」ということが多い。この場合のムラは自分の部落のことだ。恩方村は広いので寺の曲り角に住む梅さんが村の奥の部落に行ったことがないというのを聞いてぼくがその好奇心のなさにあきれた顔つきをしたら「だってよ、用のねえとこにわざわざ行けたもんじゃあねえ」と至極道理に適った返事をした……（中略）〉

〈部落というこの民家の小さな群を指すのに外国語の訳語として使われているものには集団 Groupement, collectivité 村落 Village 共同体 Community 寒村 Hameau 村分割 Fraction などがあるがいずれも日本の部落を指すのに適切でない。〉

「禁句」から「使用可」へ

前掲の「恩方の春」の記事の自己規制については、記者個人を責めるのは酷である。

当時の朝日新聞社『取り決め集』（通称〝黄本〟94年版）によると、〈村落共同体を指す「部落」も、読者に誤解を与える恐れがあるので、なるべく「地区」か「集落」「地域」とする。もっとも沖縄県のように、日常語として「部落」を使用する地方もあるので、言い換えるかどうかはデスクと相談するとよい。〉とある。「なるべく」とか、その地方版ならいいのか、沖縄発でも全国版ならダメなのかなど、はなはだあいまいな規定である。『気違い部落周游紀行』の八王子市恩方では、いまも「部落」が日常語として使われていることを考えると、『取り決め集』に従って規制したと思われる。

こんなケースもあった。93年10月22日の朝日新聞夕刊三面で「ナミビアで広がる水ローラー／〝水運びの重労働軽減〟」の記事では六家族五〇人の「集落」と書いた。一方、同じ面に載った別の記事「非情山地を行く・台湾原住民族／その②〝生き証人〟」では、松井やより記者は霧社事件の解説で〈蜂起した六部落 千二百人のうち、生き残ったのは二百数十人だった〉と書いた。署名記事の違いなのだろうが、94年10月25日の伊東光晴氏の署名記事「十数年ぶりに見た北京」でも、〈大都市付近の村では町工場が生まれ、村営、部落営のレンガ工場、建設会社……〉とあった。

しかし、97年9月17日の同じく朝日新聞「ルポ・奄美の島唄（中）」では、奄美でも沖縄同様「部落」を日常語として使っているにもかかわらず、瀬戸内町西古見地区について〈静まりかえった集落〉〈変り果てたシマ（集落）〉と書いていた。つまり朝日新聞でも「部落」の表現はアブナイと考え、本のタイトルなど固有名詞（小島功のマンガ『仙人部落』二千回の記事）や署名記事以外では言い換えていたのである。

しかし、朝日新聞はこのあと98年版『取り決め集』で、ようやくこの「部落」を次のような規定に改めた。〈村落共同体を示す「部落」は差別語ではないので、機械的に言い換える必要はない。ただし、被差別部落を侮べつ的に指すような使い方はしない。〉

話をもとにもどすと、「出人懇」のアンケート調査は、差別表現について出版界で過剰な自主規制が行われているという問題意識から始まったのであり、普通名詞「部落」の設問は、はからずも、過剰自主規制の現実をあぶり出したといえる。

解同は二〇年以上前から、単なる「部落」表現は差別語ではないという見解を発表している。しかし、かつて森敦氏の小説『月山』の記事で山奥の「部落」の表現が糾弾された夕刊フクニチ事件（74年1月）以降、新聞・放送が一斉に「部落」表現をタブー視、その後遺症が全メディアの中に深く潜行し、いまなおつづいているといえる。それだけに、前述の朝日新聞の規定改定は評価できる。

11 「士農工商○○」は部落差別の隠喩か

どうということのないギャグ?

次に「特殊部落」と並んで、マスコミがうっかりハマってしまう問題表現「士農工商○○」のケースをみてみよう。

悲願だった株式上場を達成、「士農工商芸能人」のランクを一つ上げ、商の仲間入りさせた。

問題なし　13％
問題あり　87％

この設問は、90年3月10日付『夕刊フジ』の連載「はやりうた昭和劇場」（清水孝夫編集委員）の記事からで、そこには〈ホリプロの三〇周年記念パーティが3月12日、東京・芝の東京プリンスホテルで開かれる。昭和35年の創立以来、成長に成長を重ね、昨年は悲願だった株式上場を達成、〝士農工商芸能人〟のランクを一つ上げ、商の仲間入りさせた。この間、山口百恵、森昌子らを輩出……〉と書かれていた。『夕刊フジ』は翌月おわび記事を出したが、解放同盟からきびしく糾弾された。

アンケートの回答の圧倒的多数は「問題あり」だった。

出された主な意見は、「士農工商云々は下に穢多非人を連想させ、身分の低さを表現する比喩として従来から使われてきた。言い換えるべきだ」「いまだに身分制度に苦しんでいる人がいる以上、パロディーは許されない」「差別の現実がある以上、シャレにもギャグにもならない」「70年代初めまでエタとかヒニンとか堂々使われていたが、解放同盟が糾弾闘争を行なったため、そのことばを使わずに、それを読者に連想させるため編み出された語法であり、ことばが使われてなくても同じだ」などである。

「問題なし」はほんの少数だが、「士農工商はいまどうということのないギャグである」などの意見が付け加えられていた。「どうということのないギャグ」かどうかは別として、メディアでは重宝な表現として多用されてきた。

糾弾例で拾うと、出題の「芸能人」をはじめ印刷屋、印刷工、代理店、予備校生、アナウンサー、そのまた下のフリーランス、ポリエチレン、ＡＢ型、お笑い屋、百貨店、研究所、編集者等々、いずれも自嘲のパロディーであり、「しがない職業」を表わしている。

いまでは「特殊部落」と並んで典型的差別表現とされているこの自嘲パロディーだが、解放同盟が問題にしだしたのは、比較的新しく、80年代に入ってからのことである。70年代半ばに作られたマスメディア各社の「禁句集」には「士農工商○○」は載っていない。

最初の大型糾弾は81年8月6日のＴＢＳ系のテレビドラマ『虹色の森』（大阪の毎日放送制作）で、「士農工商、その下がうちだよ」というセリフが、ネット先の広島や熊本で解放同盟関係者から抗議を受けた。解同本部はこの事件以後、この種の表現を差別的比喩として軒並みに糾弾していった。

主な例でいうと、筒井康隆氏の「士農工商ＳＦ屋」（『週刊文春』八五年五月九日号）。筒井氏は「多種多様な業界で自嘲的に使われている成句であり、その限りにおいて部落差別の隠喩にもなりえない」と抗議をつっぱねたが、文春側は解放同盟に謝罪してしまった。

また、84年12月10日付の『東京新聞』で、作詞家の阿久悠氏が連載読み物「この道」の第三五回で、「士農工商代理店」とサブタイトルを付けて書いた。この文章は阿久氏がかつて広告代理店に勤めていた頃、テレビ会社の人たちから差別的扱いを受け悔しい思いをしたことを被害者の立場から書いたもので、〈番組ディレクターは帝王だった。それに比べて、広告代理店は自ら士農工商代理店と嘲るほど立場が弱かった〉とあった。解放同盟東京都連は、作者の意図はどうであれ「差別表現」であると抗議。阿久氏は「この道」最終回で謝罪の一文を書いた。

明治時代の新造語

ところで、「士農工商」ということばは、もともと古代中国で職業によって人民を四種に分けた名称で、総称して「四民」、王からみて民の意味だった。ところが、日本では江戸時代後期（19世紀初め）に身分制を表現することばとしても一般に使われるようになった。とはいっても、法制上の正規の呼称ではなく、武士と他の民の間の階級差だけははっきりしているものの、あとの序列はあいまいで、米本位制の建前上、米の生産と年貢を担う百姓農民が形のうえで上位にランクされたにすぎない。工（職人）と商人は一括して町民と呼ばれたが、実生活では町人のほうが農民より上位に置かれていた。

日本の近世史専門の斎藤洋一氏は『身分差別社会の真実』（95年7月刊講談社現代新書）の「『士農工商・えた・ひにん』の虚構」の章の中で、「士農工商」に「えた・ひにん」をくっつけたことばは江戸時代にはなかったらしいと述べ、さらに、上杉聰（注・歴史家）はこのことばが最初に使われたのは明治7年（1874年）ではないかと指摘している、と書いている。

つまり、斎藤氏によると、「士農工商えたひにん」は明治の新造語で、その後、昭和初期の「融和教育」（被差別部落の内外の人々の融和をはかろうという国家主導の教育）の中で頻繁に使われるようになり、国民の間に急速に広まっていったものだという。

斎藤氏は結論として、このことばは江戸時代の身分制度の実態を示したものでないどころか、「かえって見誤らせる、いわば虚構のことばであり、いまもって私たちに悪影響を及ぼしている」と強調している。

『電通報』回収差しかえ事件

96年9月、電通が発行する週刊紙『電通報』紙面に「士農工商代理店」という表現が使われているのが発行後に見つかり、回収依頼と同時に改訂版（第二版）が配布されるという事件があった。問題の『電通報』（毎週月曜発行、二万九〇〇〇部）は96年9月16日付第４１３１号で、９月17日配布と同時に社内の広報室員が「問題」に気付いたという。

それは、外部執筆依頼の連載コラム「シリーズ・広告自分史」〈8〉の「穴惑い」（松下功愛媛新聞社会長）第六回の一文の中に次のような箇所があった。

〈電通のトップと地方各社との関係はきわめて緊密だった。今は亡き電通地方部出身の剛腕A忠さんがよく言っていた。

士農工商代理店、われら車夫馬丁でござんす。

耳の底に深く残ることばである。新聞屋も同じでござんす。いま新聞広告がトップの座を滑り、電通が世界のトップに立ったとしても、地方紙と電通と共同通信との〝えにし〟を守ることが電通の鬼・吉田秀雄以降の尊い伝統であろう〉

よくある自嘲的表現であり、もちろん部落差別を意図したものではなかった。しかし、全社あげて差別研修を行い、クリエーターを含め人権コピーの社内コンテストを毎年行っていた電通としては、社を代表する『電通報』の編集段階で〝ミス〟が見過ごされたことは重大だった。また、執筆者が地方マスコミのトップだったこともショックだった。

直ちに善後策を協議した結果、言いのがれはできないとして、即日、「おわび」と「訂正」を入れた「第二版」を製作し、『第一版』と差しかえるという措置を決めた。そして9月21日読者各位に回収への協力要請の文書と第二版が配布された。松下愛媛新聞会長に代わって、電通広告室が「おわび」記事を書いたが、その内容は次のようになっていた。

〈先にお届け致しました9月16日付電通報『第4131号』で、「士農工商代理店、われら車夫馬丁でござんす。」との身分職業に関する差別表現がありました。この表現が人間尊重の理念にもとるものであったことを深く反省し、おわび致します。（中略）今後ともさらに研さんを積み、このようなことを繰り返さないようあらゆる努力を致す所存です。電通広告室〉

そして第二版では、問題の個所、〈今は亡き電通地方部出身云々〉から〈新聞屋も同じでござんす〉までの六行を削り、代りに次の文がそう入された。

〈なおゴルフは私の性にあわず、すぐ止めた。今も一切やらない。へそ曲りである。

老いながら椿となって　踊りけり　鷹女〉

電通は読者への措置と同時に、9月17日に解放同盟中央本部へ連絡した。そして、97年4月8日、電通の花岡専務（人権教育担当）が解放同盟で組坂書記長と会い、電通側の見解と措置の文書を手渡し、一件落着となった。また執筆者の松下愛媛新聞会長は97年2月17日解同本部を訪れ、事件の反省とともに今後、人権問題を解放同盟側と協力して考えていくことを申し合わせたという。

この電通報事件はメディア業界内で知らぬものはなかったが、電通の工作もあって、新聞記事やニュース番組では一切報道されなかった。わずかに『噂の真相』誌（97年2月号）の名物コラム「おわびアラカルト」に載っただけである。

福岡人が商なら佐賀は……

佐賀新聞社の社長が、97年3月佐賀市で開いた九州国際空港をめぐるシンポジウムで、「士農工商えた非人」と発言し、解放同盟から糾弾されるという事件が起こった。

佐賀青年会議所主催の「国際空港のある佐賀広域都市圏シンポジウム」が97年3月27日佐賀県立生涯学習センター「アバンセ」で開かれ、第二部パネル討論でコーディネーターを務めた中尾清一郎佐賀新聞社長が、九州での一極集中が進む福岡と佐賀の関係について次のように発言した。

「佐賀というのは福岡から下にみられ、福岡人が士農工商の商であれば、佐賀はえた非人であることによって、東京コンプレックスを昇華するようなところがあるのではないかという人がありますけれど、そういうところを含めて、佐賀と福岡の関係、あるいは佐賀空港と福岡空港の関係について、すこしお話をしていただきたい」

このパネルディスカッションでは、九州国際空港の候補地に、福岡県の「玄海東《げんかいひがし》」が最適という第三者機関の答申が出されてしまった経緯や、これに対する反論や佐賀県側の今後の取り組みの方向について報告があり、このあと、中尾社長がパネリストの一人に発言を求めた際、問題の発言となったものである。

佐賀新聞社は内部で討議して、「差別発言」という判断に達し、5月7日解同佐賀県連に対して発言内容を報告、謝罪した。そして、5月9日記者会見を行い、5月10日の佐賀新聞紙面で、「本社社長が差別発言、深く自省」の見出しで「決して許されない比喩であり、不適切な発言」という趣旨を報じた。

解同佐賀県連では、マスコミのトップ発言であることを重視し、きびしく確認、糾弾を行うことを決めた。また、県職員が二八人も参加していたのに解同側が指摘するまで「問題にしなかったのは問題である」として、佐賀県当局を追及した。

97年6月4日に開かれた確認会と称する第一次糾弾会には佐賀新聞、県と市の関係者、青年会議所関連など四〇人が参加。発言者本人が「本来、人権を守るべき報道機関でありながら、被差別部落のみなさんを踏みにじる発言をしました。無知と無理解で問題の確認が遅れたことを重ねておわびします」と謝った。また、佐賀県の吉野生活環境部次長は「県職員も多数参加しながら適切な対応をとれなかった。従来の研修のあり方を反省しています」と頭を下げた。そして、この席で、青年会議所を含め三者とも、中尾発言は「差別発言である」と確認させられた。

ところで、この事件が新聞で公になったあとの5月17日、全国部落解放運動連合会（全解連）九州地協は、佐賀県と佐賀新聞社に対し、差別発言として問題化せず、毅然たる対応をすべきだとした要望書を送った。全解連九州地協の見解は次のようになっていた。

〈社長発言について、言わずもがなの発言ではあるが、部落差別発言ではない。ただ、対福岡との関係で佐賀が差別的あつかいをうけていることを比喩としてランクづけする意味でつかったもので、適切な比喩ではない。これを差別発言として問題にすることは、こと同和問題に関係する歴史用語は使えないというマイナスイメージをつくりだし、問題解決のための開かれた環境づくりに逆行する結果をまねく〉

全解連側は、こうした糾弾活動を通して、解同が「同和特権」を拡大しているとの認識から、糾弾会への出席の拒否と主体性をもった判断で、毅然と対処するよう県当局と新聞社へ要望した。しかし、7月4日に開かれた解同糾弾会には両者とも出席した。

日本テレビは前科三犯？

「士農工商○○」と並んで糾弾事例の多い「特殊部落」発言についても、一例紹介しておく。

91年9月30日の『EXテレビ』（日本テレビ）で、コメンテーターの村田昭治氏が、「デパートの中で、宣伝部だけが特殊部落だというイメージをつくっちゃったら駄目なんですね」と発言した。

村田氏は慶応大学商学部でマーケティング論を教え、『EXテレビ』には三年前から月曜日にレギュラー出演している人気タレント教授である。番組では、司会の三宅裕司氏が最後に、「先ほど番組の中で、不適切な発言がありました。謹んでおわびいたします」と述べたが、この発言を知った解放同盟は、翌10月1日、役員が日本テレビを訪れ、ビデオで発言を確認し、「おわびのコメントは何の意味もない」と強く抗議、日本テレビは「前科三犯」であると糾弾した。

同社は過去三回、同じ「特殊部落」発言で糾弾されていた。

第一回は、73年4月1日放送の『ドキュメント73』で外務官僚の谷内正太郎氏が「われわれを特殊部落的に見てもらいたくない」と発言した事件で、その後、解同大阪府連の大型糾弾を受け、73年12日9日の『ドキュメント73』の枠で、解放同盟が結婚差別であると問題にした「住吉結婚問題」をとり上げて放送した。この問題では、後日、解同と対立する「正常化連」から抗議を受け、住吉結婚問題は「一方的とり上げ方だった」と、こんどは正常化連に謝罪する事件まで起こしている。

第二回は、84年5月24日朝のワイドショー『ルックルックこんにちは』の世相講談のコーナーで、ゲストの政治評論家宮川隆義氏が「国会は特殊部落のようなもの」と発言したもの。司会の海原治氏が最後に、「番組中、特殊部落という発言がありましたが、他意はありません」と断わりを入れたが、解放同盟の糾弾はつづいた。

ついで三回目は、87年1月19日の『11PM』。政治コーナーで田中角栄氏の秘書だった早坂茂三氏が「永田町という特殊部落があるでしょう。ここで何が起こっても不思議ではない」と発言し、おわびや断わりのないまま放送終了、一週間後の『11PM』でおわびの放送をした。しかし、解同中央本部は、〝たび重なる同種発言〟を重要視し、同番組やネットしている二〇局に対する一斉抗議行動を全国に指令した。

また、「特殊部落」発言でないが、89年6月の『おもいっきりテレビ』で司会のみのもんた氏がある学校教師の勤務態度を批判した後、「われわれなら〝差別用語〟を使っただけで番組をおろされる」という趣旨の発言をしたことも、前科三犯に加え、まとめて追及された。

さて、四回目の『EXテレビ』村田発言事件だが、一週間後の同番組で、村田教授が涙ながらの謝罪を行う一方、局側から解放同盟への反省文も出された。そして、半年後の92年3月には、日本テレビ編成局長名による解放同盟への謝罪文が提出された。

ちなみにフジテレビでは、87年10月5日の『おはよう！ナイスデイ』の中で映画監督の斉藤耕一氏が、広島大学学部長刺殺事件に関連して、「大学のような特殊部落」と発言した事件や、同じ9月28日の『笑っていいとも』で、タモリとゲストのひとりが部落の地名を出して「あそこはこわい」と発言した事件が相ついで起こった。そのため、最終的には日枝社長が解放同盟側の要求に応じて出席し、謝罪するとともに、後日、深夜番組『NON・FIX』の枠で、『部落差別の現在進行形』（91年1月）を放送した。

雑誌でも「特殊部落」が

山と溪谷社発行の月刊誌『山と溪谷』91年1月号の連載企画「論争のうちそと――第一三回・田淵行男〜安曇野のナチュラリスト」の中に、「特殊部落」という表現が四ヵ所で使われていることがわかり、解放同盟から糾弾を受けた。

筆者の近藤信行氏は、この文章の中で、『山と高原』59年4月号に重森弘淹氏が書いた「特殊部落の山岳写真家」の一節を紹介したほか、『山岳写真傑作集』を出した田淵氏について次のように書いた。

〈田淵行男は、この山岳写真論争の圏外にいた。（略）山岳写真界からは完全に孤立して、ただひたすら自分の道を歩もうとしていた彼からみると、選民意識とか特殊部落にはまったくかかわりはなかったし、記録とか芸術とか、カメラのメカニズムの限界などは、もうすでにわかりきったことだったにちがいない。〉

このほかにも連載には、〈山岳写真家という「特殊部落」の住人〉とか、山岳写真家たちのあるグループを〈温室育ちの特殊部落といわれても仕方がない〉と批判した叙述があった。

これに対して解放同盟側は、「特殊部落」ということばを、「写真界から異端児視されている山岳写真家を表現するのに、最も適当な用語として使用している。最近ではめずらしいくらいの差別表現事件である」と抗議したが、その際、「選民意識」は「賤民意識」と誤記、誤解して問題にしていた。

山と渓谷社は、『山と渓谷』91年1月号に、「差別用語を差別的マイナスイメージの比喩として用いてしまいました」と認めた〝おわび〟記事を掲載したが、その後も糾弾がつづいた。

12 １００人を越す〝大型糾弾会〟の中で

「タクシーも尻ごみする……」

『週刊女性』（主婦と生活社）のシリーズ企画「事件の中の女性」が、第二の「オールロマンス事件」に匹敵する悪質な差別記事として部落解放同盟（解同）からきびしく糾弾された。

〝女性作家が鋭く迫る〟と銘打った「事件の中の女性」は、二〇年以上続く長期企画で、四人の女性作家がもち回りで、編集部の選んだ実際の事件をもとに、現地取材するフィクションである。

「遊び代欲しさに〝逆ナンパ男〟を　カー狂い女のオトシマエ色模様」という何ともケバケバしいタイトルのついた91年9月3月号の回は、円《えん》つぶら氏の担当で、91年7月下旬奈良県で起きたモーテル強盗事件を素材にしていた。話のあらましは次のようなものである。

奈良市の狭い公営住宅に住む主人公の常子が、ある日猿沢池で駐車中の車を盗み、近所のポンコツ屋でナンバーを取り替えてもらう。そして、遊び仲間の信代と大阪へドライブ。若い男を逆ナンパしてラブホテルで３Ｐ遊び。お金が底をついたため、別のモーテルで五万円を強盗してパトカーに追跡され、逃げはしたものの車は事故で炎上してしまう。

編集部は〝男一人に女二人、モーテルにカーチェイス、遊ぶ金欲しさの安易な動機、ゲーム感覚の犯罪と、まさに今日ならではの犯罪と若者の姿がそれなりに描写されている〟と判断し、件のケバいタイトルをつけて掲載した。そこでは、いわゆる差別用語は一切使われていない。

しかし、主人公の住む「行政の庇護もゆきとどいた規格住宅」には、「皮革業のクマさん」や「ポンコツ屋の安さん」がいる。そして「〝ルール無視〟は日常茶飯のこと」であり、奈良市内でも「柄のわるい所」、「タクシーもいやがり、尻ごみする地域」などと、被差別部落を暗示させる表現がいっぱいあった。

また、筆者の円氏が撮った掲載写真は、後日、奈良県に実在する部落の「解放住宅」を写したものと判明、そのキャプションにも「女の周囲には、いつもハミダシ人間がたむろして」とあった。

解同中央本部は発売直後の8月下旬に、「許しがたい差別表現である」と電話で最初の抗議を行ったあと、「差別語こそないが、かつての『オールロマンス』事件に匹敵する差別文書である」として、第一級の糾弾を行うことを決めた。

オールロマンス事件とは、1951年に京都市の職員が雑誌『オールロマンス』に掲載した「特殊部落」という短編小説で、市内の部落を「ヤミと犯罪と暴力の巣窟《そうくつ》」として描いたことから、部落解放京都委員会が京都市当局を徹底糾弾した事件である。このたたかいは「行政闘争の典型」とされ、この時のリーダーだった朝田善之助氏が唱えた「部落にとって不利益なことは一切、差別である」という主張は、朝田理論として、その後の糾弾闘争でもしばしば使われることになる。

『週刊女性』の事件はこれに匹敵するとされたわけだが、実際にも菊地編集長や筆者の円氏は、91年10月30日と

12月8日の二回にわたって東京松本記念会館で「確認・糾弾」を受け、数回にわたる文書回答のあと、92年2月20日には大型公開糾弾会で徹底的に糾弾されている。

公開糾弾会には各マスコミの担当者も呼ばれ、一〇〇人を超す人たちによる糾弾に立ち会った。怒号や鋭い追及に、編集長と筆者は、時には絶句、時には涙声でオロオロ釈明したという。

確認会の当初、円氏は「事件の主人公が部落の住民とわかったとき、善悪混沌とした長屋的なイメージがわき、その助け合いの雰囲気を書きたかった」などと釈明した。しかし、円氏が現地取材の際に乗ったタクシー運転手のことば――「ちょっとタクシーも行きたがらない柄の悪い所、行政の庇護を受けたこわい所」――を無批判に受け入れたことが明らかになる中で、「かえって悪い結果を産んでしまった」と深く謝った。円氏は92年1月10日付の文書回答で、次のように述べている。

「つらい、心底つらい体験でした。いや、この体験など被差別部落の方々の味わわれたいわれなき差別の厳しいご体験の前には、吹っ飛んでしまう事柄に違いありません。お怒りはごもっともだと思います」

また、主婦と生活社側も、同じ文書でこう述べている。

「正直に言って部落差別＝タブー視する風潮があった。部落問題は無条件に怖い聖域ととらえ、〝問題を起こさぬよう〟そのためには〝差別用語に気をつけよう〟という意識であった。編集チェック段階でも〝特殊部落〟〝エタ〟などの用語のみに目を奪われていた。今回の記事の舞台が被差別部落であることまで思い至らず、過ちを犯すことになってしまった」

2月20日の二時間にわたる糾弾会のあと、3月25日には筆者を含め一一名が奈良県まで「現地研修」に出かけた。そして、『週刊女性』92年5月5日号で、「本誌『事件の中の女性』部落差別事件の経過報告と謝罪」を発表した。五ページにわたるこの記事は、謝罪のほかに「部落差別とは何か」「結婚、就職、いじめなど差別事件の実例」紹介などを載せている。なお、シリーズ「事件の中の女性」は、92年3月10日号をもって休載になっている。

『ニュース23』糾弾の一年

『週刊女性』事件と対象的なのが、TBS筑紫キャスター事件である。89年10月2日にスタートしたTBSテレビ『筑紫哲也のニュース23』は、初日の放送で、ビートたけしと筑紫哲也の両氏が対談。そのコーナーでコロンビアの麻薬問題について、二人は次のようなやりとりをした。

たけし「全部コロンビアに移住させたらどうですかね。麻薬で捕まった奴はコロンビアに強制的に送ると。結局は、だけども、あれはなくなりませんよ。あんな取締りしたって、全部死刑にするわけ、いかないんだから。そうしたらもうブツの値段を吊り上げるしかないですよ」

筑紫「いま吊り上げたら、ニューヨークの街も多分屠殺場だね。いまブッシュが見せたクラックってのは安いでしょ。安いからまあ、普通の人が、多少人を驚かすくらいで買えるわけ。けど、たけしさんのいうようにカネを高くしたら、そのカネを得るために、五番街で殺し合いやるでしょうね」

〝不穏当〟発言に気づいたTBSは、翌10月3日夜の放送で、筑紫キャスターが次のように釈明した。「いま、岩見さんが『政治家はことばを大事にすべきだ』といわれましたが、実は私自身が昨日の放送で過ちを犯しました。昨日の放送でビートたけしさんと麻薬戦争の話をした時に『麻薬の値段が上がったら、ニューヨークの街が屠殺場になる』という発言を私がいたしましたが、アメリカの話とはいえ、屠場に対する偏見と差別のある日本では極めて不適当な表現でした。ここに深くお詫び申し上げます」

しかし、このような釈明では収まらず、10月5日と6日には東京都中央卸売市場関係者や全芝浦屠場労組、全横浜屠場労組の代表がＴＢＳを訪れ、当日のＶＴＲを見たあと、「重大な差別発言であり、ＴＢＳのお詫びは不十分である」との態度を明らかにした。こうして、九回にわたる大型確認糾弾会が一年間にわたって続くことになる。

89年11月22日に第一回大衆糾弾会（東京品川の芝浦食肉市場）が行われたあと、毎月一回のペースで三〜四時間の長い糾弾が続いた。初めの頃は、〝人格が破壊されかねない〟ほどの激しさだったという。

そうした中で、筑紫氏は毎回出席し、誠意をもって対応しようとつとめたが、あげ足取りの発言や罵声につつまれて立往生することもしばしばだった。糾弾会には、花形キャスターのその立往生を見ようと、毎回一〇〇人を超える人たちがつめかけたという。

ＴＢＳ側は、90年9月27月の『ニュース23』で、大宅映子氏と天野祐吉氏を交え、一年回顧の特集「いまマスコミを考える」を放送。その際に、筑紫氏が自らの屠殺場発言に触れ、「深く反省している」と関係者に詫びた。また、11月にはＴＢＳとして関係団体にお詫び文書を提出。事件は一三ヵ月ぶりに一応の決着をみることになった。

13 文庫本一五冊、糾弾で問う「屠殺場」はタブーか

出版一一社まとめての糾弾会

89年の岩波新書『報道写真家』事件やTBS『ニュース23』筑紫キャスター事件のあと、全芝浦屠場労組は文庫本を中心に大衆的な図書の一斉点検運動を進めた。その結果、91年春までに、新潮社など一一社の「問題図書」一四件を摘発。91年6月14日、そのうちの一〇社を一堂に集め、全芝浦屠場や全横浜屠場の両労組、それに東京都と横浜市の行政も参加して集団確認会を開いた（『創』93年12月号）。

このあと、各社との個別交渉を長期間つづけた屠場労組は、93年3月9日、こんどは一〇〇人以上の労組員による糾弾会を招集。これには92年に新たに〝発生〟した文春文庫事件を合わせて一一社が参加したが、早川書房は「糾弾会のやり方」に注文をつけて二回とも参加しなかった（後述）。

「屠場」をめぐる表現は、比喩として使われることも多いため、その差別性がしばしば問われる難しい問題である。しかし、だからといって普通名詞や固有名詞で「屠殺場」と使っただけで糾弾されたり、「屠所の羊」という仏経典から出たことばまでが糾弾されるというのは理解できない。屠場事件で糾弾された一五件の事例のうち

から、主なものを紹介する。まずは、合わせて五点が糾弾された新潮社のケースから。

●兎の眼

灰谷健次郎氏の『兎の眼』（初出74年理論社、84年12月新潮文庫）は、大阪の工業地帯にある小学校を舞台に、新任の女性教師と校区の塵芥処理所の子どもたちとの交流を通じて教育とは何かを問い直した作品で、お嬢さん教師とハエをペットとして飼う一年生の鉄ツンこと鉄三との触れ合いを中心に、差別とたたかう教師のあり方をダイナミックに描いて、感動的な物語になっている。

その「おさなきゲリラ」の章に、鉄ツンの愛犬キチが野犬狩りにかかり、子どもたちの知恵で奪い返すくだりがでてくるが、その中に次の表現があった。

〈落ちつけ鉄ツン。おまえひとりで犬とりのところへいったって、どうするんや。相手は小谷先生とちゃうねんぞ。かみついたって泣いてくれる相手とちゃうねんぞ。お前の方がぶんなぐられて、キチといっしょにと殺場行きじゃ〉

この傍線部分が「屠場は恐いという差別意識を利用したもの」として糾弾され、新潮社側は途中の増刷版からこの部分をカットした。『兎の眼』の中には、ゴミ屋、バタ屋、クズ屋、犬とり、肉屋のオッサン、ちえおくれなどの表現もでてくるが、糾弾されたのはこの「と殺場」だけである。

●マンハッタン特急を探せ

クライブ・カッスラー氏の『マンハッタン特急を探せ』（81年バンタム社刊、中山善之訳、82年1月新潮文庫）

は、第一次大戦前に米英加三国で結ばれた幻の国土割譲条約をめぐって、アメリカとカナダの指導者が、行方のわからない批准書を手に入れようとそれぞれの特務機関に命令を下す国際スパイ小説である。

問題の個所は、第四部三四五ページ、イギリス秘密情報局の元機関員ブライアン・ショウに対し、カナダの地下組織自由ケベック協会のテロリスト、フォス・グライが襲いかかるシーンで、〈ショウは怯む気持をはらいのけ、力をこめて足げりを食わせた。大木に爪先を打ち込んだも同然だった。グライは身体をひねって下腹部へのけりをかわし腰で受け止めた。彼は警戒して身がまえることもなく、前進した。その顔は、肉牛に近付く屠殺者のように無表情だった〉とあった。

傍線部分は、91年6月の集団確認会で「冷酷な殺人者のたとえとして描かれている」と指摘されたあと、「その顔には、何の表情も浮んでいなかった」と書き換えられた。

●湿原

加賀乙彦氏の『湿原』(85年朝日新聞連載、88年10月新潮文庫刊)は、親子ほどの年の違う男女の純愛と、その二人が新幹線列車爆破事件の犯人として誤認逮捕され、九年後に冤罪をはらすまでの上下一二〇〇ページの長編小説である。

主人公の雪森厚夫(49)は過去に犯罪歴を持つ自動車整備工、また女子大生池端和香子(24)は憂鬱症で精神病院に入院させられた経験をもつ。二人はスケート場で知り合い、根室の湿原の大自然のもとで結ばれる。その上巻「流水」編の次の個所が問題にされた。

〈鮭を棍棒で殺す漁師と鮭を喜んで食べる人間のあいだには残酷さにおいて何の相違もありはしない。漁師は鮭を食べる人間の意思を代行しているだけで、その間の差は役割分担しかないのだ。（中略）ちょうど豚や牛の屠殺人と肉食する一般の人とのあいだに差がないようにだ。要するに人間は、動物を、むろん植物も、殺して食べて生きている。〉

また、下巻「門」編の死刑囚が執行当日独居房から引き出される際の次の記述も問題にされた。

〈五十歳の女を強姦して殺した上田俊太は、おそらく死刑囚のなかで一番大あばれを演じた男だろう。（中略）結局、革の前手錠に革の防声具をつけられて、屠所にひかれる豚のようにじたばたしつつ去った。〉

屠場労組側の主張は、「生き物を殺して食べるという営みを残酷として屠場労働への反発を引き出している」というものだったが、新潮社側は納得せず、いまもそのままの記述で版を重ねている。

●虎口からの脱出

景山民夫氏の『虎口からの脱出』（86年新潮社刊、90年1月新潮文庫）は、昭和3年6月4日奉天郊外で起こされた関東軍による張作霖爆殺事件を題材に、たまたま事件を目撃した少女李麗華を車で奉天から脱出させる冒険活劇である。

脱出の指示をしたのは当時奉天を訪れていた外務次官と吉田茂。吉田は李麗華（奉天日本総領事館で働いていた）を上海から日本へ護送し、関東軍の陰謀について国会で証言させようというのである。中国軍や関東軍の非常線突破にはイギリス総領事館の外交車両が使われ、運転は物語の主人公、上海領事館付武官西真一郎少尉が当たった。そして、デューセンバーグという当時最高の米国車を駆ってのカーチェイスが、車マニアの著者の筆致と相まってこの作品の圧巻となっており、冒険小説協会の新人賞に輝いた。そのカーチェイスの途中、関東軍のトラックをかわした際、トラックが奉天の屠殺場に突っ込むシーンがある。問題にされたのは、そのなかの次のような描写である。

〈奉天市内の人々の胃袋を満たす為に、毎日、牛や豚を殺し続ける作業を行っている市営の屠殺場であった。（中略）死の運命から逃れた三頭の牛と十数頭の豚が、壁の破れ目からバリケード方面を目指して駈け登って来た。屠殺場の中には、壁にボッカリと開いた穴と、横転したトランクを、茫然と見つめている数人の青龍刀を手にした中国人の人夫たちの姿があった。〉

「屠場差別の現実がある中で、配慮が足りない」というのが屠場労組側の糾弾理由だったが、新潮社は改変を拒否、いまも初版のままの発行をつづけている。

●夜の底に生きる

山口洋子氏の『夜の底に生きる』（『婦人公論』掲載ののち84年中央公論社刊行、87年8月に新潮文庫）は、銀座のクラブ「姫」の経営者でもある著者が、夜の業界に生きるホステス、ホスト、ゲイボーイの哀しさを三部構成で描いた作品である。

その第一部「死んでいった夜の蝶」は、死んだ数人のホステスたちの悲話だが、その一人山崎美智子が若い愛人韓和義に殺される話のなかに、次のような記述があった。

〈女に利用されるだけ利用されて、人生を狂わせてしまった男、韓もまた哀れな運命の屠所に引かれていった負け犬である。〉

また第二部「夜の靴音」では、女を〝餌食〟にする非情なホスト小林について、次のように書いている。

〈小林がそんな女たちを一瞬にしろ哀れに思いやるのは、男が女に対する感情ではなくて、屠場へ追いたてられる牛や豚に対する憐憫の情と何ほども変らない。〉

その二つの個所が問題にされたが、この本も初版本のまま現在も出版されている。

●誓約

ネルソン・デミル氏の『誓約』（原作85年刊、92年4月永井淳訳文春文庫）は、ヴェトナム戦争のソンミ村虐殺事件を下敷きに、同じような病院内皆殺し事件を設定。当時の小隊長ペン・タイスン中尉は、後年、彼の指揮を非難した本が出版されるに及んで、悩んだ末、あえて軍籍に復帰して軍法会議の被告席に坐る。そして、当時のことは何も口外しないという「誓約」を被り、「大義なき戦争」の下での戦闘神経症、戦場の集団狂気の実態を暴露していくという骨太の作品である。

その中で、上巻二ヵ所、下巻一ヵ所の三ヵ所に「屠殺場がいまわしき戦場の比喩」として使われていることが発売直後に屠場労組から指摘され、文藝春秋社はただちに出庫を停止、回収処分を行ったうえ、二刷から次のような字句訂正を行った。

①上巻P51　タイスン小隊がユエ近郊で敵の猛攻を受けた際の描写で〈鮮かな煙が屠殺場から立ち上った〉↓〈殺戮の場〉

②上巻P159　軍当局からおとなしく軍籍復帰に応じるよう求められた際の発言で、〈「それでもおとなしく屠殺場へ引かれるよりはましだよ」「屠殺場じゃない。裁判だよ。……」〉↓いずれも〈処刑場〉

③下巻「訳者あとがき」で引用した著者デミルの発言部分について、〈「わたしはヴェトナム問題の責任は軍部

にあったと思う。（中略）彼らは政治家に向かって、『もうたくさんだ』とはっきりいうべきだった。なのに、唯々諾々として、われわれみんなを道連れに羊のように屠所へ引かれていったのだ〉→〈われわれを道連れにして唯々諾々と政治家に従ってしまったのだ〉

文春側は、93年8月の二刷発行に当たり、巻末にこの訂正個所を明記し謝罪の意を表明した。

●長いお別れ

レイモンド・チャンドラー氏の『長いお別れ』（原作55年刊、76年、ハヤカワ・ミステリ文庫）は、ご存じフィリップ・マーロー探偵が登場するチャンドラーの代表作で、映画にもなった。

妻殺しで無実を訴える男の依頼を受けたマーロー探偵を、ロス市警殺人課のグレゴリウス課長がなぐりつけたあと次のように言う。

「むかしは手荒なことをしたが、もう年齢をとった。これ以上はなぐらん。市の留置所には屠殺場で働く方がいいような連中がうようよしている。」

屠場労組側の差別表現という抗議に対して、早川書房側は、「あくまでグレゴリウスという登場人物が脅しのために吐いたせりふの中にあらわれることであって、客観的な事実としての叙述でも、作者の思想でもないことはいうまでもありません」と述べ、〝作品を構成するためには否定的な人物に差別発言をさせることも必要である〟と反論した。ただし、「屠殺場」と訳した個所はストックヤード（家畜置場）だったため、91年5月の刷から、この部分を〈「市の留置場にはストックヤードで働く方がいいような連中がいる」〉と改訂した。

ところで、早川書房側は、屠場労組側の確認会出席の要請に対して、これを拒否した。マスコミとして初めてのケースである。そして五十嵐双葉弁護士と協議ののち、91年9月6日付で「話し合いは一回限り、二〜三時間に時間を限る。出席者は双方一〇人以内とし、弁護士が同席する」という趣旨の文書を送った。屠場労組側はこの提案は受け入れられないと判断。結局、早川書房は確認会、糾弾会に出席しなかった。新しい動きである。

早川書房は、90年秋K・ウォルフレン著『日本／権力構造の謎』事件の際にも部落解放同盟の糾弾に屈服せず、公開討論会を開かせている。

●悪の公式

清水一行氏の『悪の公式』（初出67年徳間書店、83年角川文庫、93年徳間文庫）は、〝叩き屋商社〟KK赤石が詐欺的商法で中小の製造業者を手玉にとり、儲けた巨利を脱税で隠していくという企業小説だが、そのなかに出てくる「屠場」の表現が屠場労組から問題にされた。糾弾を受けたあとの昨年9月に文庫本として再刊した徳間書店は、指摘された個所を次のように改めた。

①P42　社長室の描写で〈溺れる寸前藁をつかみに訪ねてくる中小企業主の、厳かな屠場でもあった。しかしもちろん、屠場とはいっても、暗い凄惨な臭気など微塵もなく……〉↓〈厳かな止めを刺す場でもあった。〉〈そうはいっても、暗い雰囲気など微塵もなく〉

②P203　〈途方に暮れ、充血した眼つきで竜夫を見上げる中小企業主。屠場で最後の止めを待つ哀れな犠牲者……〉↓この前後を含め四行すべてをカット。

③P337　〈「魔窟みたいなもんだな」「こないだ、あるゴム会社の方が、屠場だなんて言っていました」〉↓〈「伏魔殿だなんて言っていました」〉

『ドキュメント屠場』

出版を含めマスメディアは、遠く82年のブレヒト作『屠殺場の聖ヨハンナ』の俳優座公演が屠場労組から「差別演劇」と糾弾された有名な事件以来、「屠殺場」を中心に据えた作品や記事はどう表現しても糾弾されるという恐怖感からか、敬遠されがちだった。

こうした中で、最近、新しい動きがみられるようになった。

ひとつは、多くの基幹産業の労働者たちの現場ルポを手がけてきた鎌田慧氏が、食肉生産の現場を長期取材してまとめた『ドキュメント屠場』(98年6月岩波新書)である。鎌田氏は「あとがき」の中で次のように述べている。

〈わたしは、ここの現場ではじめてみた熟練労働の姿に圧倒された。職人技が大量生産をささえている、めずらしい現場だった。(略)いまの日本の生産現場は、合理化によって、労働者は機械に従属させられていて、熟練を形成できない。そればかりか、突然、いつ排除されるかわからない不安に襲われながらはたらいている。(略)そんな時代に、これだけ自分の労働に誇りをもち、職場で堂々と集団を形成しているのはめずらしい。しかし、それでいて、外部からは、極端な差別をうけている。〉

鎌田氏のドキュメントは、そのみごとな職人技や食肉産業の変せん、なぜ差別されるのかなどを屠場労働者の証言をもとにまとめているが、そこには「人が食べる肉が必要な以上、生き物を殺すことは自然の営みだ」という自分たちの労働に対する価値観が脈打っている。芝浦や横浜の労働者が、食肉市場と言い換えず、あえて「屠場」の名にこだわりつづけるのも、この自負心からであるという。

新潮新人賞『生活の設計』

もうひとつは、２０００年度第三二回新潮新人賞を受賞した佐川光晴氏の作品『生活の設計』（月刊『新潮』00年11月号掲載）である。この作品のテーマは、ずばり「屠殺場での労働」である。出版社の編集者だった主人公が、あえてその会社を辞めて一転、屠殺場作業員になったことについての自問自答、屠殺という職業に対する知人や世間の冷たい目、屠殺の現場の様子などが、深刻にならず、ごく日常的な饒舌体の告白として語られている。

ところで、この作品の批評が各新聞のコラムにのったが、たとえば朝日新聞00年10月26日夕刊「文芸時評」（作家津島佑子担当）は、次のように述べ、作者の姿勢に共感する批評を行なっている。

〈以前ならば、特定の職業に伴う社会差別の実態を具体的に追い、「差別」の根を探り当てようとするか、「差別」に耐えつづける、あるいは戦いつづける人間模様を描くとか、そうした定型をとるしかなかったにちがいない重いテーマではある。が、この作者は現代社会にもっと曖昧に、生暖かく存在しつづける日常的な「差別」の実際を、自分のなかの曖昧さとして引き受け、当人もとまどいながら書きつづる。〉

『生活の設計』の中には、主人公自身が、職業はときかれて、「屠殺場です」と答えられず途方に暮れるのは〝元はといえば「屠殺」ということばが強烈すぎるからだ〟という述懐がある。そして、Ｂ５判七一ページのこの小説の中にはそれこそ数え切れないほどの数で「屠殺場」という表現がでてくる。

しかし、津島佑子氏の「時評」では、「食肉解体業に従事する男」と言い換え翻訳されている。津島氏がそうしたのか、朝日新聞の編集者が書き換えたのかは定かではないが、差別を増幅させるおそれが全くない状況での言い換えは、「自己規制」以外のなにものでもない。

『新潮』11月号の原作では、もちろん言い換えなどしていないが、ただ巻末に異例の注が付けられた。

〈編集部註　本作品には、いわゆる「差別語」が存在します。編集部としては、作品の内容、性格、文学性、作者の体験からくる必然性、問題提起のあり方などを総合的に判断した結果、作者の意図を尊重して、表現は原稿通りとしました。〉

いや、なんともすごく厚ぼったい注である。作者を尊重して表現は原稿通りにしたというが、たとえば、「屠殺場」を勝手に「食肉解体」などと言い換えたら、この作品は成り立たないではないか。

「屠」を「と」と書いても

ところが、『赤旗』の時評だけは違っていた。北村隆志氏の「文芸時評――重いテーマを軽やかに描く若手」(10月27日付)は、主人公が自分の職業を聞かれたら正直に言うべきかを悩むことについて、〈というのも、仕事をズバリ指す「屠殺（とさつ）」ということばは「差別語」とされるほどであり、一般には偏見を持たれている仕事だからである。〉と、キチンと書いている。

このことに関して、佐川光晴氏は『生活の設計』の中で、「屠殺」ということばが強烈すぎるのを行政も気づいて、「埼玉県営と畜場」としたり、農水省や厚生省の法令でも「とさつ場」や「と場」と表現していることについて、次のように書いている。やや長いが面白いので紹介する。

〈それらの書き換えがいずれも完全に無意味であるのは、その「と」が「屠」であることが前提として共有されていないかぎり全く意味が通じないからだし、音として口にする場合、「と」は「屠」の意識をもって発音されざるをえないからだ。さらに、「とさつば」「とじょう」「とちくじょう」の中で最も一般的に適用するのが「とさつば」なのはたしかであって、「とじょう」といって通じなければ、「とさつば」といい直すしかないのである。

その他にも「食肉処理場」といった書き方が新聞でされていたことがあったのだが、これは「売買春」を「援助交際」といいくるめる程ではないにしろ、やはり肝心な行為自体を隠蔽する反動的ないい換えにすぎず、それならば「性交」を「エッチ」に、「離婚」を「バツイチ」にといった方がどこかそのことばのもつ過剰な重みから身をかわそうとするユーモアが感じられる分だけましなのではないかと思われるものの、だからといって「解体業」という誤魔化しを使うわけにもゆかず、わたしは仕方なく「屠殺、屠殺」といい続けてきたわけだ。〉

14

「百姓」から「どこの馬の骨」「代書屋」まで

大発見！「牓示札《ぼうじさつ》」

石川県津幡町の加茂遺跡から、平安時代前期（850年ごろ）に律令政府が「禁令」を書いて街道に掲げた高札が初めて出土した（2000年9月7日、石川県埋蔵文化財センターが発表）。この高札はヒノキ製（縦23・3センチ、横61センチ）で「牓示札《ぼうじさつ》」と呼ばれ、存在は文献で知られていたが、その実物が内容込みで見つかったのは初めてである。

高札は、墨で書かれた漢字文によると、嘉祥年間（848〜851年）に加賀国加賀郡（現在の金沢市周辺）の郡司が作り、「田領《たづかい》」と呼ばれる下級役人の丈部浪麿《はせつかべのなみまろ》に伝達されたもの。内容は深見村（津幡町）の郷長にあてた「百姓心得八ヵ条」と、田領にあてた「農業奨励法令」の百姓への口頭伝達の命令の再録である（9月8日付各紙）。

この高札からは、平安時代の農民が朝の暗いうちから夜おそくまで「働け、働け」「酒を飲むな」と中央―地方―村の律令制一貫システムにシリをたたかれ、おいそれとは従わなかった実態が浮かび上がってくる。その中味がすごい。

差別用語問題との関連はのちに述べることにして、まずは「牓示札」の全文三四四文字の漢文まで掲載した『赤旗』の記事を中心に「原文」に触れてみたい。

まず「百姓心得八ヵ条」では、
一、田夫朝以寅時下田夕以戌時還私状（農民は朝は午前4時ごろ農作業に出掛け、夜は午後8時ごろ家に帰ること）
一、禁制田夫任意喫魚酒状（農民がほしいままに魚や酒を飲食することを禁ずること）
一、禁断不労作溝堰百姓状（溝やセキを維持管理しない農民を罰すること）
一、以五月卅日前可申田殖竟状（5月30日以前＝いまでは6月になる＝に田植えを終えた農民は申告すること）
一、可捜捉邑内竄宕為諸人被疑人状（村内に逃げ隠れしている逃散農民を捜し捉えること）
一、可禁制无桒原養蚕百姓状（桑畑を持たない農民の養蚕を禁ずること）
一、可禁制里邑内故喫酔酒及戯逸百姓状（農民が里や村で酒を飲んで酔って戯れ、過ちを犯すことを禁ずること）
一、填勤農業状（農業を勤勉に行うこと）
また、田領への命令では、「すでに加賀国が発した法令で農業奨励を定めているのに、農民は耕作せず飲食して遊び騒いでいる。これでは田植えに支障を来し、不作や飢饉になってしまう」という国司から郡司への命令を再記載するとともに、高札を立てて、農民に口頭でよく説明するよう求めている。

この牓示札の発見について、9月16日付朝日新聞「記者ノート」に金沢支局の斎藤誠司記者は、次のように書いている。

〈「国内初。教科書に載る発見」と、研究者や古代史ファンらは興奮気味だ。現代の中央―地方関係にも通じる内容を含んでいる。（中略）文字を解読指導した国立歴史民俗博物館の平川南教授（日本古代史）らは、今回の発見の意義をこう考えている。一つは中央政府が末端の村へ命令を文書で伝える「律令制度」の仕組みがみえたこと。もう一つは、「働け」と迫る中央に対し、おいそれとは従わなかった地方の農民の姿がくっきり浮かび上がったことだ。〉

また当の平川氏は9月29日付朝日新聞で、牓示札を「21世紀に贈る大きな歴史遺産」と評価し、次のような解説を加えている。

①裕福な者が田植え時にごちそう（魚酒）を用意して手伝いの農民をかき集めてしまうために、貧民は田植えもできないことが社会問題になっていた（八ヵ条の第二条）。

②大陸からもたらされた養蚕は莫大な富を生み出した。そこで桑を買い占める富豪が登場し、貧農は桑畑を手放し、富豪の〝織物工場〟への労働力となってしまうことがあったようだ。（第六条）。

「百姓」はなぜ「農民」に

さてここからが言い換えの問題点だ。折角の歴史的文物の大発見にもかかわらず、「百姓」とか「田夫」と書かれた原文を、差別用語の自己規制マニュアルにのっとって「農民」と言い換えてしまったことである。赤旗、朝日以外の各紙もこの発見を伝えているが、記事中ではすべての新聞が百姓、田夫を農民と言い換えている。

最初、朝日の記事を読んで「平安時代に〝農民〟などといったのかな」と疑問を抱き、各紙に当たってみると赤旗と日経に「原文」が掲載されていた。律令国家にあっては「農民」などという一般名詞は存在せず、「百姓」「田夫」だった。「百姓」や「農夫」などのことばが「農民」と言い換えられるようになったのは、差別表現に対する規制が強まっていった1970年代以降のことである。

しかし、考古学的発見の記事での言い換え規制は好ましくないどころか、むしろ歴史の「真実」を知ることへの妨げとなり、いたって非科学的な態度といえる。ちなみに、漁民や回船業など「海民」による日本歴史の再考を主張している歴史学者の網野善彦氏によると、「百姓」は本来「多くの姓をもった一般の人民」を意味する語であり、字句上は「農民」を特定することばではないが、古代の律令国家が水田を国の税制の基礎とし、すべての人民＝百姓を農民ととらえようとしたことから「誤解」の歴史が始まったという（『日本社会再考―海民と列島文化―』94年5月小学館刊）。

東西で違う放送界の対応

ひきつづき、放送界で起こった職業に関連した自主規制の事例を報告する。

●犬とり

93年9月13日の日本テレビ系『世界まる見え！テレビ特捜部』で、オーストラリアの「犬とりレインジャー部隊」をとり上げたところ、翌日京都市の同和対策室から読売テレビに対し、「市民から『犬とり』の用語について苦情の電話があったので事実を確認したい」と言ってきた。

これはオーストラリアで放送された素材を日本語に訳したもので、人に迷惑をかける飼い犬を市民の通報によって捕獲する市の職員が「犬とりレインジャー部隊」である。読売テレビの照会に対して、日本テレビは「犬とり」は差別語ではないという見解を伝えた。しかし、読売テレビは京都市同対室に対し、次のように回答した。「ストーリーは、いたずら犬を捕まえる話で『犬とりレインジャー部隊』の人を差別するような文脈では全くありません。当社としては『犬とり』ということばは『犬殺し』と同様、職業差別のことばと認識し、使用しないことにしております。ですから、『犬とりレインジャー部隊』という訳語を使ったことについて、番組制作局の日本テレビに対し注意を喚起しました」

東と西では差別問題に関する感覚の違いがあり、見解がわかれることはよくあるが、これもその好例だ。

●こちら火葬場

91年夏、関西テレビ『三枝の愛ラブ!爆笑クリニック』で、一般の出演者が「私の父は変な癖があって困ります。外から電話がかかると、ハイ、こちらは火葬場ですとか……」と発言したことが事前チェックで問題になり、削除された。

同じく関西テレビの『紳助の人間マンダラ』(93年5月23日放送)で、もてない若者に女の子を紹介するコーナーで紳助が、「ちょっと変わっているのはやっぱり友達が悪いとか、家が変なところにあるとか、墓の隣に住んでいるとか……」と述べたくだりについて、無用な連想をさせるとして「家が」以下をカットして放送した。

●用務員

フジテレビの『クイズ！年の差なんて』（91年12月5日放送）で「用務員のおじちゃんみたい」という発言が大阪で問題にされ、五ヵ月にわたり糾弾を受ける事件があった。問題とされたくだりは、こうだった。

「いま、若者の間で流行のホニャララパーカは『マウンテン・パーカ』です」という解答のあと、司会の桂三枝がマウンテン・パーカを着て気取ったポーズをとったところ、解答者の一人の森口博子が「用務員のおじちゃんみたい」と発言し、三枝がズッコケた。司会者コンビの山田邦子が「カッコつけてんだから、かわいそうじゃない」とフォローして一同、大爆笑。

マスコミ界で差別用語に指定されている「小使い」と言ったわけではないが、「用務員という職業に対して社会的に存在する差別と偏見を『笑いのネタ』にしたものであり、怒りを禁じ得ない」という抗議文が自治労大阪府本部から届いた。フジテレビでは、制作担当や考査部が協議した結果、一連の発言や動作はたんなる親しみの表現であり、用務員に対する差別を助長するものではないという見解をまとめ、交渉に臨んだ。

大阪で数回の話し合いや、現場研修が行われた後、フジテレビ側は「放送で傷ついている人がいる。差別意識があったことを率直に認める」と、当初の見解を修正した。そして92年4月下旬の最終交渉でフジテレビは、用務員差別の実態をドキュメンタリー番組などで取り上げていくことを約束した。

93年2月28日放送のフジテレビ『上岡龍太郎にはダマされないぞ』（生番組）で、学校の先生と用務員を引き合いに出した用務員侮蔑ともとれるコントがあったとして、この番組を購入したKBS京都では、「用務員」の音声をカットして放送した。

●給食のオッサン

ＫＢＳ京都では、92年8月2日放送の『おとなの絵本』に、鶴志の「まあ文福さん、あんたのきょうの衣裳見たらびっくりした。給食のオッサンみたいな……。弁当運んでるオッサンかいなと思った」という発言があり、事前チェックの結果「給食のオッサンみたいな」の部分を音声カットした。

●小使い

フジテレビ系の『土曜大好き！８３０』（関西テレビ制作、生放送）の94年3月12日放送で、エレキギターの寺内たけしが出演し「小使い」と発言、自治労大阪から抗議を受けた。

寺内は、「エレキギターを広めるため学校を巡回してまわったが、門番がいて水や塩をまかれた。小使いといったなあ、いまは用務員というらしいけど」と、売れない時代の苦労話のなかで述べた。関西テレビでは差別的ニュアンスがあると判断、番組の終わりにアナが「寺内さんの発言の中で学校の校務員さんに対して行き過ぎた発言がありましたことをおわびいたします」とわびた。

翌週3月19日の同番組でも一分半のおわび放送を行ったが、その後も自治労側との交渉がつづいた。

91年10月2日朝7時のＴＢＳ『ビッグモーニング』で新潟のジーパン議員を扱った際、「小使い」の表現があった。自治労大阪府本部は系列局の毎日放送を訪れ、ビデオで確認ののち正式に文書でＴＢＳに抗議。ＴＢＳは10月9日の同番組で、司会の生島ひろしが謝罪し、後日「おわび」文書を提出した。

94年3月、ＮＨＫＦＭの朗読の時間で夏目漱石の『坊っちゃん』を放送。原作を改ざんするわけにいかず「小使い」をそのまま読み、朗読のあとアナウンサーが弁解した。しかし、4月からの『吾輩は猫である』では、「メクラ猫」や「ビッコ猫になった」などの表現は飛ばして読んだという。

●ゴミ集め

92年1月26日放送のテレビ朝日『笑いの王国』で、コントグループ「アララ」が「ボクは動物園の飼育係、決してゴミ集めのおじさんじゃないぞ」などと発言した。テレビ朝日では、おわびするなど特段の措置もせず、抗議もなかったが、二週間遅れで放送したKBS京都では放送の段階で〝問題発言〟に気づき、翌週2月16日の同番組枠で「不適切な表現があったことをおわびします」と述べた。

●掃除

93年5月6日放送の日本テレビ系『木曜スペシャル』恒例の「欽ちゃんの仮装大賞」で、萩本欽一の子どもへのインタビューが視聴者から抗議を受けた。「将来、大使館で働きたい」という子どもに対し、欽ちゃんがギャグとして「大使館でお掃除するのもお仕事よ」と述べたことについて、泉大津市の人権擁護委員と名乗る人から日本テレビに、「職業に対する偏見である」との抗議電話があった。日本テレビ側は聞きおくだけだったので、この人は翌日、読売テレビに電話し、事情を説明。読売テレビはビデオをチェックして「差別性がある」と判断し、発局の日本テレビに注意した。

この件で思い出されるのは75年2月、朝日新聞がフランスのジスカールディスタン大統領をめぐる記事で「エリゼ宮に清掃夫まで招いた」と書き、清掃関係者から強い抗議を受けたこと。朝日新聞は以後、「取り決め集」の中に「清掃作業までして」などは差別表現にあたると明記するようになった。

●くず屋

93年11月23日、読売テレビは深夜映画の枠でイタリア映画『青春のくずや・おはらい』を放送する予定だったが、タイトルをはじめ五回も「くずや、おはらい」が出てくるため、放送を見送った。この映画は78年作で、かつて新左翼運動に傾倒し、挫折して夢や希望を失った若者たちの生態を描いた青春コメディ。

●富山の薬売り

大阪の毎日放送（TBS系）は、「差別表現」についてもっともキビシイ「自己検閲」を行う社として有名だが、93年2月2日、従来の考査組織、番組審議室に加えて「番組考査委員会」をスタートさせた。「最近他社で問題放送が続発したこともあり、番組制作での事前チェック体制を強化するため発足させた」という番組考査委員会は、常務取締役をヘッドに番組審議室がまとめ役となり、各局から委員を出して月一回の会議を開いている。

その自己検閲の事例のひとつ。

93年2月6日の毎日放送制作番組『板東英二のズバリ！奥まで90分』で、新聞発表のコーナータイトル「現代商法の原点、富山の薬売りに学べ」がひっかかった。「富山の薬売りで大丈夫か」という広報担当の問い合わせを受け、考査担当が念のためNHK富山支局に照会したところ、「やはり差別的表現であるらしい」という答えが返ってきた。

「越中富山の薬売り」は昔から置き薬の巡回販売として名高く、まして番組の趣旨は「差別」とは全く逆で「薬売りに学べ」である。しかし毎日放送は〝過剰防衛〟の措置をとり、「富山の薬販売法に学べ」と改稿、番組中では「薬売り」を、「家庭常備薬販売員」「家庭薬販売員」「売薬さん」といった妙な表現に言い換えた。

●代書屋

92年11月、読売テレビの『Ｂｅアップル2時』で出演タレントの一人が「代書屋」と発言したところ、「代書屋は差別用語だ」という強い抗議電話があった。局側では「行政書士」「司法書士」とするのが正しいと関係者に連絡するとともに、「……屋」のチェックを強化。ドラマ台本のなかに「保険屋が儲かるばかりだ」などの表現が見つかり、作家に注意した。

●ホームレス

93年6月初めから8月初めにかけて、テレビ東京系のお笑いバラエティ番組『浅草橋ヤング洋品店』(日曜夜)で、東京・山谷や大阪・釜ヶ崎地区のホームレスの人々に入浴、散髪させ、流行ファッションで変身させる「ヒッピーをヤッピーに」というコーナー企画を数週連続で放送した。これに対し、「釜ヶ崎差別と闘う連絡会議」などから、「ホームレスをからかう差別番組だ」という抗議が、系列局のテレビ大阪になされた。

テレビ東京側は当初、「取材対象にはキチンと交渉して納得して出演してもらっている。あくまでギャグとして考えてほしい」と突っぱねた。しかし抗議団体側は、「番組ではヒッピーと言っているが、日雇い労働者は主に建設業に従事しており、ヒッピーとは違う。労働者を茶化すな」と主張。10月に大阪で数回の交渉が持たれ、結局、テレビ東京側は12月12日の放送で「おわび」の字幕を流した。

●西成あたりはこわい

92年11月、関西テレビの『さんまのまんま』で、ゲストの萩原聖人が大阪の飛田へ行った話をし、それを受けてさんまがこう述べた。

「あの西成あたりはこわいでえ。車置いとくと、タイヤを持ってかれるんやで。しばらくしたら、知らんオッサンがタイヤいらんかって売りにくるんや」

事前チェックで、この部分は削除された。

同じ年の8月、テレビ大阪では演歌の番組で『釜ヶ崎人情』を使うかどうかで協議。「ここまで落ちたか」「人はスラムと言うけれど」などの歌詞が差別ととられる、という判断から別の曲に差し換えられた。

●土方

91年9月21日のTBS系『いい朝8時』(土曜朝)の中で、出演者の一人が「土方」と発言したところ、毎日放送へ抗議の電話があった。毎日放送では翌週の同番組に「おわび」のスーパーを入れた。

●簡易宿泊所

92年12月1日の日本テレビ系『火曜サスペンス劇場』の「小京都ミステリー薩摩恋人形殺人事件」で、「簡易宿泊所の扱いが問題である」として、部落解放同盟京都府連から読売テレビに抗議があった。

指摘を受けたのは「多かれ少なかれ、スネに傷を持った人間のふきだまりだからね」など、簡易宿泊所には悪人が流れ込んでいくという設定のセリフ。以前なら「ドヤ街」としていたのを「簡易宿泊所」と言い換えているのだが、セリフの文脈が問題とされた。

●川向こう

読売テレビ『遠くへ行きたい』の「渡辺文雄の讃岐路・女繁盛記」編に、「川向こう」という表現があることが番組購入先の奈良テレビから指摘され、読売テレビは以後、この回の番組販売を中止した。

奈良テレビの放送は93年12月12日で、「ここは旦那さん、遊廓が盛んだったでしょ、川から向こうがずっと。稽古をしないと川向こうに行きなさいとよう言われたものですよ」「こわいなあ」のやりとりがあった。「川向こう」は遊廓を指し、「こわいなあ」は身売りについて言ったもので「部落」とは関係なかったが、誤解を恐れて自己規制された。

●どこの馬の骨

関西テレビの『山田雅人の失恋レストラン』(93年5月29日放送分)で、出場者が「うちの親は、どこの馬の骨とも判らん者には娘はやらんと言うんです」と発言、VTR編集の段階で問題になった。

この番組は、失恋を味わった若者が出場して体験を語るもので、「どこの馬の骨」云々は差別とは断定できないが、誤解の原因になり得るという判断に達し、その部分をカットして放送。

●身元調査

93年7月、読売テレビの深夜映画枠で放送予定の泉鏡花原作『婦系図』が、事前チェックにひっかかった。身分違いとされる男女の結婚への過程と、それに反対する周囲の人との関わりを描いた作品だが、「系図を調べ、身元調査をする必要があるか」などのセリフが身元調査肯定ととられてはまずい、という判断から放送は中止となった。

15 自主規制があの鬼平を斬る！

「あまりに無口なものだから……」

民放テレビで深夜に放送される旧作の時代劇が〝無傷〟のまま放送されることはまずない。「オシ」「ツンボ」「メクラ」「ビッコ」「河原者」といった〝要注意〟表現をことごとくチェックするからである。その結果、被害者が「奉行はあきめくらだ」と怒りをぶつける肝心のセリフをカットしたり、「うだつの上がらぬ河原者」「色きちがい」「つんぼ桟敷」といった表現を〝音声消去〟することが当たりまえになっている。なかには「水のみ百姓」ということばが一五ヶ所で使われていることから、カットは無理と判断してその回を放送中止にしたシリーズものもあるほどだ。

では、時代小説はどうか。「出版・人権差別問題懇談会」（出人懇）が行ったアンケート調査（84頁参照）の中から関連する設問を紹介しながら、本や雑誌の編集担当者たちの意識を探ってみた。

同心・小野十蔵は、役所にでても、あまり無口なものだから、十蔵の姓の小野をもじって「啞《おし》の十蔵」などと同僚たちに呼ばれている。（時代小説の一文）

問題なし　46％
問題あり　54％

もう一つの設問。

となりの床に、竹仙の妻・おうのがねむっている。ことしで三十一歳になるおうのは、生まれついたときから足が悪く、ひどい跛《びっこ》をひく。（時代小説の一文。江戸期）

問題なし　42％
問題あり　58％

初めのほうの文は、池波正太郎（90年5月急逝）の名シリーズ『鬼平犯科帳』（文春文庫）の第一巻第一話『啞の十蔵』からとられたもので、後者も同じく『鬼平犯科帳』の『盗賊人相書』の中の一文である。

いずれも、時代小説の表現という設定にもかかわらず、「問題あり」が半数以上に達していることに、実は驚かされた。理由はどうであれ、「オシ」や「ビッコ」は差別語——という形式的判断による自己規制が働いた結果としか考えられない。

その『唖の十蔵』は、江戸幕府火付盗賊改方《ひつけとうぞくあらためかた》の配下の同心、小野十蔵が、ふとした同情心から盗賊一味の女房とねんごろの関係になり、結果として盗賊逮捕に手抜かりが生じたため、責任を感じて自殺するという悲劇である。人情味あふれる小野十蔵同心について、作品の中では、〈いえば十蔵は特別警察の外まわりの刑事か警官のようなものなのである。役所へ出ても、あまり無口《むくち》なものだから、十蔵の姓の小野をもじって、「唖の十蔵」などと同僚《どうりょう》たちによばれているが、その活躍は抜群《ばつぐん》のもので、今年に入ってから三ヵ月ほどの間に二人も盗賊を捕えているほどだ。〉と紹介されている。

一方、『盗賊人相書』は、強盗殺人犯の人相書きを頼まれた絵師石田竹仙が、目撃証人の証言に従い絵筆を走らせているうち、主犯がかつて自分の盗賊仲間の熊治郎であることを知る。その竹仙の心の動揺を察知した鬼平の差配で事件は解決へ結びつくという筋書きだが、その中では旅絵師の竹仙が〝遅咲きの花〟おうのと結ばれ、江戸に定着、仲睦まじくやっているという設定が重要な背景になっている。ここでは跛《びっこ》が差別のためでないことは明らかである。

必要か「注釈」「断り書き」

「出入懇」のアンケートやそのあとのシンポジウムでは、「江戸時代は、『メクラ』とか『ビッコ』とか『オシ』といったことばは日常語であり、問題はない」「換えようがない」などの意見が出る一方で、「オシはムッツリやダンマリにすべきだ」とか「無口の十蔵とでもいい換えたほうがいい」などの批判的意見も出された。

その上で、こうした過去の作品については、作者が健在であれば、問題の表現について相談すればよいし、物故している場合は、勝手に直せないので、「注釈」なり「断り書き」という形で編集部の考えを入れたほうがよいということに意見は集約された。

ビッコの設問についても、「当時の日常語であっても地の文章では慎しむべきではないか」とか「時代小説でも、差別表現は差別表現」というやや乱暴な意見がアンケート調査で出されていた。

幸い、全二四巻の文春文庫版『鬼平犯科帳』ではいっさい表現削除はない。また、池波作品ではいわゆる「差別表現」が、差別を意図して使われていないことから、「注釈」や「断り書き」もついていない。

小説は今でもそのまま読めるが、テレビ番組化された作品は、時がたつにつれて表現を変えないと放送できなくなっている。

『鬼平犯科帳』は『オール読物』に連載されるとすぐにテレビ番組化の話が進められ、69年から70年にかけて、まず日本教育テレビ（NET、いまのテレビ朝日の前身）で放送された（主演は八代松本幸四郎）。このとき〝江戸の日常語〟は、ほぼ原作通り表現されたが、問題は生じなかった。ところが五、六年後の再放送の段階では大騒ぎになった。73年から「差別語」問題が急にやかましくなったからである。

鬼平、再放送でズタズタに

とりわけ関西では部落解放同盟や障害者団体・大家連（大阪精神障害者家族連合会）など被差別者団体の糾弾を恐れて、各局とも番組考査に異常な力を投入した。『続・差別用語』（汐文社78年1月刊）によると、75年1月から3月にかけて深夜の再放送枠で放送した毎日放送は、全編をチェックして次のような事前措置をとっている。

『おみよは見た』（1月14日放送）――人殺しの男が「こんなろくでもねえ人非人になり下った俺を……」とい

う部分と、この男に向って「けもの！　人非人！」とののしる部分を、いずれも音声を消去した。

『かまいたち』（1月28日放送）――「ビッコの易者」という表現が二カ所にわたって出てくるが、いずれもカットした。

『色と欲』（2月5日放送）――盗賊の頭が、仲間を裏切ろうとした子分に向かって「所詮てめえは非人のガキだってことか。飢え死にしそうな非人をここまで男にしてやった恩を忘れやがって、つまるところ非人は非人、盗人より一段落ちるってことか」。子分「親分！　それだけは口にしない約束だった」というシーンがあり、この間三〇秒はフィルムをカットした。

『雨の湯豆腐』（2月13日放送）――人殺しをした侍に対し鬼平が「二本差のキチガイ犬か、町方では手に負えまいな」のキチガイ犬の部分をカット。

『女賊の恋』（2日26日放送）――全編に「キチガイ犬のげんぞう」という名の盗人が登場。キチガイ犬を削り、「げんぞう」だけにした。

『女の一念』（2月27日放送）――濡れ衣を着せられ発狂した男を愛人のお伝が引き取る。お伝は真犯人を知り一人を片付け、もう一人を殺そうとして捕まる。お裁きのシーンで鬼平が「このような白痴、キチガイを取調べてもどうにもならぬ。早々に引取らせろ」と大岡裁きをし、後姿を見送りながら「時がたてば治るやもしれぬと医者が言っていた。幸せに暮らせよ」という。この部分、白痴とキチガイの音声をカット。

『女賊《おんなぞく》』（3月6日放送）――女首領が「この私も初めて男に燃えてメクラになったのさ」の「メクラ」以下を音声カット。

『夜狐』（3月19日放送）――文字を読めない男が手紙を見ながら「おら、あきメクラだからとんと分らない」

という個所で「あきメクラ」をカット。

『裏道の男たち』(3月24日放送)――侍から毒薬の入手を頼まれた男が「私は薬を渡しっぱなしのツンボ桟敷っていうわけ」といい、その侍が「キチガイのように剣術に打ち込んだ」云々という個所で、「ツンボ桟敷」と「キチガイ」をカット。

『あいびき』(3月26日放送)――「いくらあの女がメクラでも……」の「メクラ」を音声カット。

『殺しの掟』(3月27日放送)――侍のことを「キチガイ犬」という部分をカット。

『大川の隠居』(3月29日放送)――盗人が「俺にかかっちゃメクラの集まりだ。造作もねえや」という個所で、「メクラの集まり」をカット。

吉右衛門の鬼平も

『鬼平犯科帳』はその後、同じく松本幸四郎主演による続編『新・鬼平犯科帳』(71年~72年、NET)をはじめとして、丹波哲郎主演もの(75年、NET)、萬屋錦之介主演もの(80年~83年、テレビ朝日)、中村吉右衛門主演もの(89年~93年、フジテレビ)と計四回シリーズで制作されているが、なんといっても傑作は、原作者も絶賛したという吉右衛門の鬼平である(①~④のシリーズで計一一一話)。しかし、その吉右衛門の『鬼平犯科帳』でも、問題のタイトルや表現は変えられていた。

「出人懇」のアンケート調査の設問にもなった『啞の十蔵』は、タイトルが『むっつり十蔵』に(89年8月16日放送)に変えられたほか、十蔵が述懐するシーンのセリフも次のようになっていた。

「わしは侍でいえばいちばん下積みの同心だ。仲間うちではむっつり十蔵と仇名されている、およそ出世と縁のない男だ。女にはまるでもてない。女房にもバカにされる男なんだよ」

タイトルが改題されていたもうひとつの例は『乞食坊主』である。原作は文春文庫第五巻にあるが、文中でも「乞食坊主」「乞食も乞食」などと乞食が多用されている。フジテレビの「鬼平シリーズ②」の第六話（90年11月7日放送）では、タイトルを『托鉢無宿』と改題したうえで、番組中でも「坊主」の表現だけに変えていた。

レームダック

ところで、たとえ時代劇であっても厳しくチェックされるこうした表現も、翻訳せずに外国語のままで使うとフリーパスというケースが少なくない。たとえば、退陣の決まっている森喜朗首相がノコノコとワシントンに出向いて実現した2001年3月の日米首脳会談に対する米メディアの反応を、朝日新聞は「こんにちは、そしてさよなら」「最初で最後の首脳会談」「レームダックの首相」などと伝えている。

「レームダック」(lame duck)は、直訳すれば「ビッコのアヒル」だが、18世紀半ばからの口語で「役に立たなくなったもの、人」「かたわ」「はんぱもの」「足手まとい」「こわれた船や飛行機」を意味する。つまり、足（水掻き）が不自由でうまく泳げなくなったカモやアヒルからの成句であり、日本語でいえば「チンバの下駄」に相当する。

また、研究社の『リーダーズ英和辞典』などによれば、「レームダック」はアメリカ英語では、前述の意味から転じて、11月の連邦選挙で「再選に失敗した任期中の大統領や議員」のことを、とくに意味することばである。そして、米語で「レームダック・アメンドメント」は、アメリカ憲法修正第二〇条——選挙後の連邦議会の開会と大統領の就任を、それぞれ1月3日と1月20日に早めた修正条項を指す。

ちなみにイギリス英語で「レームダック」は、株式市場での「債務不履行者」ないしは「資金繰りが困難な会社」の意味で使われる（オクスフォード『ＣＯＤ』辞書）。

つまり、「ビッコのアヒル」や「チンバの下駄」は、日本のメディアでは〝差別語〟とされて使えないが、「賞味期限切れ」の政権や指導者を指す重宝な外来語として「レームダック」は使われている。そしていまだに、この語が差別的だとして障害者団体などから抗議を受けたことは聞いていない。

クリントン前大統領は、任期のギリギリまで中東和平の調停や北朝鮮との関係改善に動いていたため「レームダック」といわれることはなかったが、これまでは、退任が決まった大統領はアメリカだけでなく、日本の報道でも「レームダック」と称されてきた。それが今回、国際的に悪評高い日本の森首相に対して、アメリカのメディアがあえて「レームダック」のカンムリを付けたのである。日本国内では、もっとピッタリした表現の「死に体」（相撲用語から）が使われている。

「レームダック」が使われた過去の典型例を紹介する。村山連立政権（94年6月発足）満一年の時点で書かれた朝日新聞社説「白旗を掲げる前に」（95年5月13日付）である。この社説は、当時の自民党幹事長森喜朗氏が講演の中で、村山首相の「限界」云々の発言を不正確に伝えたため、すわ「首相退陣の意向」と報道され大騒ぎになったことに触れて書かれたものである。

〈「レームダック」と化しつつある政権を立て直すのは、なかなか容易でない。（中略）首相に政権を続ける意思があるのなら、ここは初心に帰って「これをやる」という旗を立て直すべきだ。〉

このあと村山政権は半年の余命を保ち、96年1月、限界に達した。

耳の悪い子

しかし、外国の作品であっても日本語に翻訳するとなると、途端に自主規制が始まる。たとえ周りの人たちが自分に浴びせる悪口であっても、決して角を立てたりはしないのだ。

99年11月28日14時からＮＨＫ教育テレビ『世界のメディア　子どもの未来』で〝教育番組の国際コンクール〟第二六回「日本賞」（ＮＨＫ主催、99年11月12日〜19日東京開催）の各賞が紹介された。「日本賞」は教育番組に関する唯一の国際コンクールとして知られ、制作者だけでなく、各国の教育者や研究者の交流、情報交換の場として注目されている。この年も四九ヵ国から二一二番組が寄せられ、審査の結果、イギリス・チャンネル４のオフリミット・シリーズ『負けるもんか！』が教育ジャーナル部門の最優秀賞に選ばれ、他の受賞作品とともに、この日の番組で紹介された。

ろう者の少女ゾーイを主人公にしたこの作品（原題『ストロング・ランゲージ』）は、手話での自己表現が健常者に理解できない悩みや苦しみを描いたもので、少女はパソコンやビデオを使って葛藤を乗り越えていくというミニ・ドラマである。

世間に訴えるため自ら作ったビデオの中で、ゾーイはこう言う（ＮＨＫの字幕から）。

「私の名前はゾーイ・ライアンズです。でも、名前でなく、耳の悪い子って呼ばれてます。気にはしてません。私が悪いんじゃないし、みんな手話を知らないから。

私は手話に誇りを持っています。ろう者と健常者は話すことばが違うだけです。聴こえる人のことは想像できます。でも私のことはわからないでしょう。だから、ろう者の見た世界へ皆さんをご招待します」

ビデオではゾーイが手話を使い､他の女の子が口語音声を付けていた。彼女自身､口語はできない。字幕の「耳の悪い子」の部分は、英語音声では「デフ・ガール」（deaf girl）となっていて、この件りは、聞きとりにくいが、次のようになっていた。

〈All of you know my name. But you never call me by name. Chew! I'm just that deaf girl or a weird girl without hear name. I really hate that. But it does't bother me any more.〉

訳せば「みんな私の名前を知っているのに名前で呼んでくれません。名前なしで、やなヤツとか、あのツンボの子とか、ヘンな子とか言う。ほんとにイヤんなっちゃう。でも、もう気にしない」となる。

この〝差別に異議を唱える番組〟ですら、「ツンボ」はまずいから「耳の悪い子」にしようと、機械的に自己規制してしまったのである。

考えてみてほしい。ゾーイは差別とたたかっている立場であり、自らが「ツンボの子」と言うのは、差別でもなんでもない。それをさも心やさしい健常者の立場から言い換えてしまう必要はさらさらない。この場合、英語デフ・ガールの通り、「つんぼの子」でいいのだ。

「耳の悪い子」は一見考えた表現にみえるが、耳が遠いのか、耳が聞こえないのか、それとも耳の病い（中耳炎など）を持っているのか、あいまいである。またゾーイはろう者であり、唖者《あ》だ。だから多少屁理屈をいえば、「耳の悪い、口の悪い子」になってしまう。したがってこの場合、神経質になって、わざわざあいまい語を当てるべきではなかったのだ。

「耳の悪い子」で思い出すのが、75年に早川書房から出版された『死んだ耳の男』（エド・マクベイン原作、井上一夫訳）のことである。「87分署シリーズ」の原作のタイトルは〈LET'S HEAR IT FOR THE DEAF MAN〉で、登場人物の一人に「補聴器をつけた謎の男・トーブマン」というのが出てくる。

名前だと思われた「トーブマン」が実はドイツ語で〈DER《デア》 TAUBE《タウベ》 MANN《マン》〉つまり〈THE DEAF MAN〉（ツ

ンボ男）だということが、作品の最後に謎解きされ、これを知らなかったキャレラ刑事が刑事を辞めようと思う位恥ずかしい思いをする。

出版当時、差別用語をめぐり糾弾の嵐が吹き荒れていたため、訳者は文中では「つんぼ」ということばを使いながら、タイトルでは「死んだ耳」という新語を作り出し、言い換えたのだった。

「めくら縞」は問題か

「いつもあの橋の下にめくらの乞食がいるのだが、今日はおらんのう」（時代小説の中の会話）

問題なし　42％
問題あり　58％

この設問も池波正太郎の作品にヒントを得た文だが、時代小説という断りにもかかわらず、「問題あり」が六割近くに上ったことは、編集者たちが、現在の日常業務との関連の中で、「ともかく、メクラは差別語である」として、〝死語扱い〟していることの反映といえる。

「問題なし」の回答の中では、「メクラは差別語だが、当時の日常語なので書き換えは不自然」、「これがダメなら、そのうち視覚障害者やホームレスも差別的といわれるだろう」「めくら縞、めくら判といった用法はどう考えればよいのか」、「メクラマシは通用しているではないか」などの意見が出された。

「問題あり」の多数派の中には「めくらは盲目、目の見えねえに、乞食は物乞い、宿無しに換えればすむ」とか「巻末に断りを入れる」、「時代小説だから許されると勘違いしているのだったら問題」などのスゴイ意見が出されていた。

また、「番町で目あきめくらに道をきき」という有名な川柳について、「これが差別的川柳かどうか、よく考えてもわからない」という悩みの意見も出された。『群書類従』を編さんした盲目の学者塙保己一が番町に住んでいたことから生まれた川柳で、晴眼者が盲人に学問の教えを乞うているということである。しかし、一方では、「盲人は劣っている」という大前提があって成り立っているともとれるというのである。

「めくら」という表現は、いまでは一般的に差別的な語感で受けとられているが、問題は「盲」を使った熟語についてである。

盲従は？　盲点は？

①群盲、竹下登を撫でて出なかった「怪情報」の噴出。（週刊誌のタイトル）

問題なし　37％
問題あり　63％

②橋本首相、小沢一郎の「対米盲従」政策が拓く「戦争への道」（週刊誌のタイトル）

問題なし　55％
問題あり　45％

③「過去に盲目である者は未来にも盲目である」（独指導者ヴァイツゼッカーのことば）

問題なし　58％
問題あり　42％

④色盲　色調の識別能力が消失している状態。先天的なものと、目の病気のため二次的に出た後天的なものとがあるが、一般に先天性のものを指す。（略）（比喩的に）物事の状態や道理などを識別する能力がないこと。（国語大辞典）

問題なし　40％
問題あり　60％

①の「群盲」は「群盲象を撫でる」という仏典のことわざから出たことばで、「多数の盲人」を意味し、三分の二の編集者が、盲人は全体像をつかみにくいという意味で「差別性あり」としている。

この出題は、92年の『週刊新潮』の特集タイトルからで、この時、朝日新聞などほとんどの新聞は広告の改稿を要求、結局「群盲」部分は新聞の自己規制で空白にされた。しかし、『週刊新潮』側は「差別に当たらない。戦前のことば狩りに等しい愚行」と批判したという。

②の「盲従」は、『週刊現代』の特集タイトルで、この時も朝日新聞は広告表現の変更を要求したが、講談社側は拒否し、そのまま掲載された。

「出人懇」での調査や論議では、この語についてさまざまな意見が出された。かろうじて過半数が「差別性なし」としたが、使用不可とした人の中からは、「『盲従』は強度の差別・偏見の表現」という意見や「この『盲』は何の判断もなく、むやみにというマイナスの意味が込められているので使うべきでない」、「一辺倒とか追従、妄従、服従に言い換えるべきだ」などの意見が出された。

一方、「差別性なし」の人からは、「もし『盲従』がダメなら『盲信』『盲進』『盲点』『盲愛』もすべてダメになってしまうではないか」という意見や、「差別表現でいちばんむずかしいのは『盲』と『狂』である。盲従、盲信、盲点など、『めくら』からまったく離れた表現は問題ない。同様に狂言、狂歌、狂詩曲を『気ちがい』と結びつけられたらどうしようもない」という主張が強く出された。

ちなみに、「盲」は、辞書では①目がみえない（盲目、盲点、文盲など）②道理にくらい（盲愛、盲動、盲信、盲従など）③一方が閉じている管（盲腸など）④特定の感覚が働かない（色盲、味盲）などとなっている（三省堂『大辞林』）。

このうち、盲信、盲動などは「妄」の字を使い、妄信、妄動としても同じ意味とされている。「妄」は、「みだりに」とか「でたらめ」、「節度がない」という意味のことばである（妄想、虚妄など）。したがって、辞書に載っていないが「妄従」という表現もありうる。

③のドイツのヴァイツゼッカー元大統領の演説のことばは、93年の『ヒューマンライツ』第六号に掲載されたもので、大手の広告代理店が広告コピーに使おうとして検討した結果、「ことばとしてさほど問題はなさそうだが、広告表現としては問題あり」という結論になったという。

「盲目」はドイツ語でblind《ブリント》で、通常は「過去に目を閉ざす者は結局のところ現在にも盲目になる」と訳されている。そしてこのことばは、97年8月29日の第三次家永教科書訴訟の最高裁判決（「七三一部隊」などへの国の検定意見は違法とした）で、判決文の締めくくりとして引用されている。

色盲検査は色覚検査に

④の「色盲」については、〝比喩的に〟という部分がひっかかったためか、「問題あり」が六割に及んだ。小学館の『国語大辞典』（89年刊）にのみ、この「比喩的」注釈がつけられているが、それは志賀直哉の作品からとられたという。通常辞書の段階では問題にならなかったが、97年春『国語大辞典CD―ROM版』を発売したあと、日本色覚差別撤廃の会（94年5月設立）の会員から「現在、学界でも『色盲』は『色覚異常』となっている」と抗議が寄せられた。

小学館では通常辞書は増刷時に改訂することとし、とりあえず電子版を訂正する措置をとった。

いわゆる「色盲検査」（いまは色覚検査）は、遠く明治時代から始まり、徴兵検査や大学の入試制限、各種免許や就職試験の制限に使われてきた。そして学校保健法（58年公布）により、就学時から毎年検査が義務づけられていた。小学校の強制検査は先進国で日本だけだという。ようやく、95年の改正により、いまでは小学校四年生だけに実施されている。

また検査の目的は「色覚異常を検出することでなく、学習する上で支障があり、配慮が必要かを知るために行なう」と改められ、検査方法も戦前からの石原式（陸軍軍医石原忍氏作成）というひたすら排除目的の厳密なテストだけでなく、多様な方式が導入されるようになった（朝日新聞98年7月6日付）。

ところで、色覚異常（軽いのが「色弱」）は男子に多く、二〇人に一人（女子は五〇〇人に一人）で、全国で約三〇〇万人に上るとみられていたが、名古屋市で「勉強への支障の有無を調べる」ゆるやかな「カラーメイト・テスト」（96年開発）で検査したところ、「異常者」は従来より半減したという。

さて、表現の問題だが、「色盲」ということばは、90年代初期までは一種の学術用語であり、差別用語ではないとして、あまり問題にされなかった。マスメディアで言い換えをするところでも、「色弱」や「視覚障害者」という不正確なことばが当てられた（92年12月テレビ朝日『用語についての研究資料』）。「色弱」は「色盲」のうち軽い状態を指すことばであり、「視覚障害」は、盲目から白緑内障、近遠乱視の「視力障害」や「色覚異常」までを合わせた大きな概念である。

その後、色覚障害者による入学や就職、資格試験面での差別撤廃運動が進むにつれ、たとえば入試で何らかの制限をしていた国公私立大学四六六校についてみると、96年度ではたった四校に減っている。

95年5月には、日本臨床医学会の「色覚異常」に関する専門部会からマスコミ各社に対し、「色盲による就職差別や結婚差別が多い状況から、用語を『色覚異常』に統一してほしい」という趣旨の申し入れがあり、各社がこれを受け入れた。

さらに、前述の「カラーメイト・テスト」の開発に参画した名古屋市眼科医会長の高柳泰世さんは、96年6月13日付朝日新聞「人物往来」欄で、〈いま痛感しているのは、「色覚異常」という呼び名の変更。「色覚異常」と書くたびに胸が痛む。本当は異常ではないのですから〉と述べ、望ましい表現として「色覚特異性」ないしは「色覚特性」をあげた。

こうした動きを受けて、99年3月のテレビ朝日『用語・表現についての研究資料』では、「色盲」の言い換えとして「視覚障害者」「色覚異常」「色覚特性」の三つをあげている。

「建てつけが狂う」

キッシンジャー長官が重要な外交姿勢の発表について、つんぼ桟敷におかれた前例はなく……

問題なし　13％
問題あり　87％

問題なしの中には「『つんぼ桟敷』は仲間はずれにされるという意味であり障害者への差別意識はない」という意見もみられたが、圧倒的に「聴力障害者への侮蔑表現」とされた。そして、「蚊帳の外」とか「無視された」「埒外」とすべきだという。

「つんぼ桟敷」は国語辞書(大辞林)によれば、〈①江戸時代の歌舞伎小屋で、二階正面桟敷の最後部にある最下層席。舞台から最も遠く、台詞がよく聞こえないので、この称が起こったが、見巧者《みごうしゃ》が集まった。今の三階席、立見席にあたる。大向こう。②必要な事柄を知らされないでいる、疎外された立場。〉とある。

つまり、よく聞こえない〝被害者〟の立場、と同時に「見巧者」というホメことばにもなっている。この点では、「めくら判」など〝加害者〟的立場の使われ方とは少し違うのだが、「つんぼ桟敷」に対して九割近くが「問題あり」とした。ことばはむずかしい。

ちなみに「和英辞典」(研究社の新ポケット和英辞典や大辞典)によると、「つんぼ桟敷」は、a blind seat (よく見えない席)、the upper gallery (最上階の特設席)となっており、聞こえないより見えないに重点がある。また英和辞書では、「最も安い席」「天井桟敷」という訳出が当てられている。

私の家は戦前に建てられたものなので、方々にガタがきており、障子やふすまのたてつけもかなり狂ってきている。

問題なし 74%
問題あり 26%

「問題なし」の回答では、「狂や盲の字の扱いはむずかしいが、最低限、モノについて使われる場合は問題なしと考えたい」という代表的意見や、「障害者と関係はない。これを問題とするのは的はずれであり、音キチ、カーキチ、碁キチもかまわない」、「手許が狂う、予定が狂う、調子が狂うといったことばをどう考えればいいのか」などの意見が出されていた。

しかし、この何でもない表現でも、四人に一人が「問題あり」としているのは、差別表現問題の深刻さを示しているといわざるをえない。

包丁っていうのは、野菜を切ったり魚を切ったりするもんだ。たまたまきちがいがそれを持った場合、人を傷つける凶器になる。

問題なし　11％
問題あり　89％

「気ちがいに刃物」の表現は九割の編集者がノーと答えた。この出題は遠く74年、大阪府精神障害者家族連合会（大家連）が抗議したテレビドラマの一節である。

大家連の常時モニターによる激しい追及の結果、大阪の毎日放送が74年8月、スタジオ内に「きちがいは禁句」の掲示をかかげ、「音キチ」「車キチガイ」や「狂乱物価」までダメ出ししていったのは、いまも語り草になっている。

以上、障害者関連の表現について、出版編集者が何を問題と考えているかを紹介してきた。その実態は意外なほど防御的で、「あぶない橋」は避けて渡らない自己規制型であるといえる。昔の作品の再版でも、注釈や断り書きを付けるべきだという意見がかなり目立った。

16 「ノートルダムのせむし男」から「虎キチ」まで

「西高東低」は冬型の気圧配置だけではない。差別用語に対する放送局の過敏な対応についても同じことがいえる。関西地区の放送局の自己規制を中心に、障害者差別に関連した事例を報告する。

まずは、94年9月に開港した新関西国際空港をめぐる二つの事件から——。


関西新空港CM〝不時着〟


94年7月、新関西国際空港のCMが各局から流された。そのひとつ、大阪広告協会制作の「貧乏神」は、大阪城周辺に住みつく貧乏神三人の次のようなボヤキで構成されていたが、局側の対応はまちまちだった。

とぼとぼと杖を持って歩く浮浪者風の男三人、「新空港ができて景気ようなったら、わしら貧乏神は住みづろうなりまんな」「ほんまでんなあ。どないしょ?」「そや東京でも行こか」とあって、浜村純のナレーション「関西から元気になろう」で終わる。

ホームレスの人びとに対する社会的関心が高まっている折から、各局とも慎重に考査。読売テレビは「画音とも、とくに問題はない」と判断したが、朝日放送は「地域差別的表現だ」として、放送を拒否した。

93年3月5日、テレビ大阪『NEWSほっとライン』の「金曜記者席」のコーナーで、ゲストの谷口貞一外務省関西担当特命全権大使が、関西新空港の話題に関連して、「新空港も滑走路が一本ではダメ。二、三本作らないとすぐパンクする。御堂筋も、作ったときはキチガイ沙汰といわれた」と発言した。この発言の直後に抗議電話が二本入り、番組終了前に局アナが「不適切な発言がありました。おわびします」とコメントした。

『NEWSほっとライン』では、同年6月10日にも、重度重複障害者施設を紹介した際「この施設はわずか六〇名しか収容できません」と述べたところ、視聴者から「福祉の世界では『収容』ということばは使われていない」との指摘を受けた。

●てんかん

93年秋、関西テレビの『真夜中テレビ』で舞台中継録画の『かわいやの』を放送した際、「てんかん」のせりふがカットされた。『かわいやの』は財津一郎、野川由美子の出演で、テキ屋の男性と心神耗弱風の女性との人情物語。この女性について「てんかん」「狂っている」「バカ」などのセリフがあり、制作担当者は収録後、考査担当と相談した。

考査担当は、深夜の放送であるし差別を肯定したものではないが、あえて「てんかん」とする必然性もない、という判断から「てんかん」の部分をカットするよう要請し、制作担当もこれを了承した。筒井康隆氏の「断筆宣言」で「てんかん」に焦点があてられている状況下、自己規制が働いたものとみられる。

●せむし

92年2月、関西テレビで往年の名画『ノートルダムのせむし男』を紹介する番組で、この〝不適切な表現〟をどうするかが問題になった。しかし、定着している映画のタイトルを変えるわけにはいかない、という結論に達し『ノートルダムの傴僂男』と漢字の表示で逃げることにした。

テレビ朝日が92年12月に社内資料としてまとめた『用語についての研究資料』では、「『ノートルダムのせむし男』は主人公の職業が、鐘をつく人であることから『ノートルダムの鐘つき男』と言い換えています」としている。そして、同資料は一般語の「せむし」については「身体障害者」とし、どうしても特定したい場合は「ねこ背の人」ないしは「きはい（亀背）の人」とするように主張している。

ぐ、ぐ、ぐ、ぐ、具が大きい

ハウス食品のカレー（商品名「カリー工房」）CM「具が大きい」シリーズは、一時流行語になるほどヒットした。しかし、そのシリーズの中の「天狗編」が「ドモリ」に対する差別につながるとして、関西地区での放送が「謝絶」され、ハウス食品はこのCMをお蔵入りにするという事件が起きていた。

「具が大きい」シリーズは、小林稔持と安達祐実の親子役コンビで、91年3月から94年3月まで放送された。ジャンケンでグーを出す「ジャンケン編」や、「お習字編」「ドングリ編」などさまざまなバリエーションがあったが、その中の「天狗編」（93年夏）は、二人がカレーライスを食べながら尻取りゲームをするもの。

安達「釣り道具」

小林「ぐっ、ぐっ、軍手」

安達「天狗」
小林「ぐっ、ぐっ、ぐっ、ぐっ、ぐっ、ぐう」
安達「具が大きい」
このCMに対して関西の各放送局は、「ことばが出ないで詰まる個所は、吃音障害に悩んでいる人に対する差別表現として、苦情、抗議は避けられない」と判断して改稿を要求、他の素材に差し換えられた。

●二人羽織
93年8月、アメリカンファミリー生命保険会社の「介護年金CM」が、視聴者からの抗議で別のCMに差し換えられた。

このCMは、小学校低学年の男の子が父親の背中に回り、父親のパジャマをかぶって落語の「二人羽織」のように子どもが父親の歯をみがき、牛乳を飲ませ、卵を食べさせるなど、仲の良いアットホームな雰囲気のなかで介護年金の宣伝を行うものだった。

しかし、関西のテレビ局に「重度障害者の不自由な動きを笑いものにしている」という抗議が数件、視聴者から寄せられた。各系列で放送中のCMだったが、折から三洋電機のコードレス電話のCM（51・68頁参照）が視聴者の抗議で打ち切られる事件があったことから、キイ局を代表するかたちで日本テレビが当該CMの中止を文書でスポンサーに要請。スポンサー側もこれをうけいれ、別CMに切り換えられたものである。

●ギッチョ

93年2月12日の読売テレビ『鶴瓶・上岡パペポTV』で鶴瓶が「ぎっちょ」と発言、その個所が事前チェックでカットされた。

発言の内容は、「大勢でナベをつついて食べたが、右利きばかりだったのでスムーズにいった。ギッチョがいたら腕がぶつかって大変だったろう」というもので、左利きを侮蔑するものではなかった。ギッチョは「左器用」の省略形俗語だが、「右利き社会では差別的に使われることもあり、障害者団体から抗議される可能性もある」との過剰な自己規制からと思われる。

●手作り？　足では作れません

93年6月20日放送のテレビ東京系『日曜ビッグスペシャル〜全国ガード下のスゴイ店Ⅲ』で、リポーターがおふくろの味の店を訪ねた際「これは手作り？　当たり前ですよね」といい、おかみさんが「ええ、足では作れませんからね、ハハハ」とシャレで受けた。

このやりとりについて、小児マヒの子どもの父親という人から「手を使えない子どもの気持ちが分かっていない。傷ついた」とする強い抗議の電話が、ネット局のテレビ和歌山にあった。同局では、おわびをするとともに発局のテレビ東京に対して注意した。

●てんぼう、かたわ

93年8月29日、テレビ朝日系「日曜洋画劇場」では、いわゆる放送禁止用語が数ヵ所でてくる『遠き落日』をノーカットで、おことわり字幕を付けて放送した。『遠き落日』は新藤兼人脚本、神山征二郎監督の野口英世の伝記映画。

テレビ朝日ほかの制作で、劇場でヒットした。野口英世（三上博史）が幼い頃に受けた左手の大火傷という肉体的ハンディキャップを克服、母親（三田佳子）の愛情により世界的な細菌学者になっていくという物語である。

この映画の中に「てんぼう」「手棒」「かたわ」「貧乏百姓」「気でも違ったか」などのことばがでてくるため、社内で関係者が協議。「障害や貧乏を背負った人間が周囲の偏見に屈せずに生きていくこの作品は、すべてを見てもらうことが必要である」という結論に達した。そして放送の冒頭と途中の二回、次の「おことわり」を表示したうえで『遠き落日』は放送された。

〈この物語は史実をもとに作られたものであり、一部、登場人物の言動に現代では適当ではない表現がありますが、時代背景・主題の表現上、避けられなかったことをお断りいたします。〉

同じ頃、ＫＢＳ京都のラジオ生番組『諸口あきらのフレッシュ・モーニング』では、ゲストの医師の「かたわ」発言が問題にされた。

問題とされたのは、「医者としてやれるのは、命を延ばすことが義務であるが、ひとつ間違えば、人を殺したりかたわにしたりすることもある大変な仕事なんです」という個所。差別とは関係のない発言だったが、アシスタントのアナウンサーは、「不適切な発言があったことをおわびします」と、紋切り型のおわびコメントをつけ加えた。これも過剰な自己規制であろう。

●ビッコ
93年3月6日、読売テレビの深夜映画『タフ3』で、男と女の殺し屋が会話するシーンの「ビッコ」がカットされた。木村一八と根岸季衣の会話。

木村「ビッコもウソ？」
根岸「ビッコもウソ」
木村「なぜ？」
根岸「美人が何の欠陥もなしに、あんな所（パチンコ屋）にいると注目されるのよ」
この二ヵ所のビッコをカットして放送した。
93年11月16日、日本テレビ系の生番組『ズームイン！朝』で、系列局西日本放送（本社・高松）発の「サッカーひざ急増」の話題のなかで、インタビューに答えた医師が「ビッコを引く」と表現した。これに対し関西地区の視聴者が、「障害者差別ではないか」と読売テレビに抗議。キイ局の日本テレビと読売テレビは、視聴者とそれぞれ電話で話し合って差別の意図はなかったと釈明し、了解に達したため訂正やおわびはしなかった。

●足切り
94年6月、ラジオ関西の定時ニュースで、兵庫県立飾磨高校の入学試験で成績が良かったにもかかわらず、校長の独断による選別が行われたため入学できなかった問題を取り上げた。このとき、入学試験で使われている「足切り」の表現が、「二段階選別」と言い換えられた。「足切り」も「片手落ち」同様、テレビや新聞では禁句にされている実例である。

●特殊な学校
92年8月23日の関西テレビ『紳助の人間マンダラ』中山秀征編で、次のやりとりが障害者差別につながるとして、事前チェックでカットされた。

中山「ボクは勉強できたんですよ。高校の入試で二番だったんですよ、ホントに」

紳助「そりゃおかしい。芸能界一、二を争うあんたが、そんなに勉強できるはずがない。そりゃ特殊な学校とちゃうか」と紳助は、身体障害者のようなアクションをしてみせた。

●お荷物

92年夏、読売テレビのドラマ『愛情物語』の台本チェックで、交通事故の後遺症のため目が見えにくくなった女性の診察を終えた眼科医と、看護婦との対話が問題となった。
眼科医「ま、ご主人もたいへんなお荷物をしょいこむことになるなあ」
看護婦「お気の毒に」
このやりとりが、「障害者お荷物論」につながるとして、別の表現に変えられた。

「キチガイ」とは言わせない

93年9月20の日本テレビ系午後のワイドショー『ザ・ワイド』の人生相談コーナーで、ミヤコ蝶々が角川書店社長のコカイン事件に関連して自らのヒロポン中毒体験を語り、他人から「キチガイといわれた」と述べた。これを担当プロデューサーは問題発言と判断し、「精神障害の方とその家族を傷つける発言をしましたが、テレビ局の社会的責任に鑑み、おわびして訂正します」と司会者にコメントさせた。同時にミヤコ蝶々も、「むかし私たちが平気で使っていたことばも、いまは差別などで使えなくなりました。そういうことで放送に不適切なことばを使いましたので、おわびします」と述べた。

「キチガイは絶対禁句」の関西ならではの異常な反応だったが、翌年も同じ番組でのミヤコ蝶々の発言が物議をかもしている。

94年4月22日、『ザ・ワイド』の人生相談コーナーで夫婦間の悩みを訴えられたミヤコ蝶々は、「今回のケースは、交通事故で死んだと思って別れなさい」と回答した。

この発言に対して堺市の視聴者から、「交通事故死という喩え話はけしからん。蝶々に謝らせろ」という抗議の電話が、読売テレビに寄せられた。よくある喩えだが、関係者は、交通事故の死者の家族への配慮に欠けたと判断。翌週の同番組でミヤコ蝶々に、「先週の喩え話は、交通事故死を軽視したものではありません」と釈明させた。

92年2月、テレビ東京の『レディス4』で、司会の高崎一郎と評論家の高瀬広居氏との対談コーナーで浅間山荘事件の連合赤軍にふれた際、高瀬氏が「彼らは幼稚でバカげた革命家、キチガイだ」と発言した。司会者は、「不穏当な発言があった」とおわびを入れたが、さらにネット先のテレビ和歌山からの連絡もあり、番組終了時に改めて次のように述べた。

「放送の途中で私が不適切な発言、表現と申しあげたのは、キチガイということばです。放送では使わないことばになっています。お問い合わせがありましたので答えさせていただきました。失礼をいたしました」

●クルクルパー

91年夏、村田機械のファックス機「エフジャン・ムーラ」のCMに、価格九万九八〇〇円の表示が「クルクルパー」とあったため、毎日放送は村田機械に対し改稿を要求した。

●虎キチ

92年6月、週刊文春のラジオCMに「阪神戦最高視聴率51％、苦節六年、浪花の虎キチ大興奮」とあった。その「虎キチ」が朝日放送ラジオでひっかかり、「阪神ファン」と改稿されてパス。しまらないコピーに変えられて電波に乗った。

●アホやからヨダレ……

94年5月19日の朝日放送テレビ『ナイトｉｎナイト』の「八方の楽屋ニュース」コーナーで、月亭八方が「アホやからヨダレをたらした」と他の人を茶化した。障害者の母親という人から抗議電話があり、朝日放送では担当者が直接謝るとともに、次週の番組の冒頭で八方が謝罪した。

●スイカ割り

92年6月、あるショッピング街のCMに、子どもがスイカ割りをしていて誤って人の顔をたたいてしまうシーンがあった。毎日放送は盲人差別につながるとして、このCMの放送を拒絶した。

17

「ピー（きちがい）に刃物」でレッドカード

悪口雑言が売り物とはいえ

ときには鋭い政治批判や毒舌を交え、悪口、雑言、放談が売り物のトーク番組『たけしのTVタックル』（テレビ朝日系、月曜夜9時）。そのなかで精神障害者への古典的というか確信犯的というか、ヒドイ差別発言がとび出したのは、96年11月のことである。局として正式謝罪はしたが、問題発言をした舛添要一氏やたけし氏からは何の反省の意思表示もない。

事の発端から説明しよう。

96年11月18日の『たけしのTVタックル』は、サブタイトルを「幼児性犯罪時代——狙われている子供たち」として、最近世界的にふえている幼児に対する性犯罪を取り上げ、数名の出演者がトークを行った。ベルギーでの少女誘拐売買事件などをイントロにして、子供たちが狙われている危ない状況について話は進んだ。

このとき、『朝まで生テレビ』などテレビ朝日の番組でお馴染みの国際政治学者・舛添要一氏が次のように述べた。

「日本がこういう状況になったのは変なことば狩りをしているからですね。いまから私が言うことは放映できないと思いますけど、昔は『きちがいに刃物』という非常にいいことばがあったのね。こういうのも止めちゃったでしょう。やっぱり『きちがい』は閉じ込めないといけないいんですよ。だから、そういうことば狩りをすることで済ませているから『きちがい』の本当の怖さってのはね、わかんない」

放送では「きちがい」という個所に、ビデオ編集階段でピーという音を入れてごまかしたため、視聴者には「ピーに刃物」、「ピーは閉じ込めないといけない」、「ピーの怖さはわからない」などと聞こえた。しかし、ピーは「きちがい」であり、「きちがいは隔離、強制収容すべきだ」と主張していることは容易にわかった。

ついで、これを受けて司会のたけしが、こうフォローした。

「だから、そういう精神的異常者を、その、いまのあれでは外に出して街に歩かせようということなんでしょう。そしたらさ、逆にいえば銃器を解放して欲しいよな。我々の防御の方法がないんでさ、困っちゃうと思う」

二人とも、うっかり口が滑ったのではなく、確信犯的に「きちがいの野放しは危険である。自衛のためにピストルを持たせてほしい」という重大な発言をしたのである。とてもシャレやジョークで済ませられることではなかった。

放送が終わると、たちまち京都や大阪、埼玉、東京など全国各地の精神障害者に関連した団体や施設を中心に抗議の声が巻き起こり、テレビ朝日や系列局にＦＡＸや電話が殺到した。抗議の口火を切った「障害者いこいの家めぐみホーム」（京都市伏見区）の多芸正之所長によると、抗議の声をあげたのは、放送から一ヵ月の間に全障連（全国障害者解放運動連絡会議）や全家連（全国精神障害者家族連合会）など一二〇団体にのぼり、うち二十数団体は抗議に対する回答を要求したという。まさに稀有のことである。

あくまで編集ミス？

「ピー音」で何とかいけると思ったテレビ朝日側は、この抗議の大渦巻に驚いた。そしてまず、11月27日に局や制作プロダクションの幹部が京都のめぐみホームを訪れ、多芸所長に謝罪した。多芸氏が、「障害者に対する言い訳のできない差別発言である」と追及したのに対し、テレビ朝日制作局の山本隆司プロデューサーや制作を請け負った「オフィス21」の高村裕取締役らは、「申し訳ない」と謝まるとともに、12月2日の『TVタックル』で視聴者へのお詫び放送をすることを伝えた。しかし、肝心の舛添氏やたけし氏の責任についてはあいまいな態度をとり、社内の研修や精神障害者への差別をなくす番組の放送などの要求については、後日回答することになった。

12月2日の『TVタックル』では、番組の最後に局アナが次のような字幕の文言を読みあげ、謝罪した。

「11月18日放送の当番組の中で、精神障害者があたかも犯罪者であり、危険で閉じ込める必要があるかのような誤った表現がありました。それが、精神の障害に苦しむ方々に対する永年にわたるいわれなき差別を助長する結果となり、さらに一般の視聴者の皆様に誤った認識を与える結果となってしまいました。深く反省するとともに、関係者の皆様、視聴者の皆様にご迷惑をおかけしたことをお詫び申し上げます」

「おわび放送」によく見られる典型的な悪文である。「誤った表現」とは何だったのか、いったい何が問題だったのか、「危険で閉じ込める必要があるかのような」だけでは具体的にわからない。

なぜあいまいにしたのか。それは、事が単なる差別用語の問題ではなく、思想の問題をはらんでいて、それをはっきりさせると舛添氏やたけし氏本人の責任、ひいては「たけし番組」を従来のスタイルで続けるのかについてまで、テレビ朝日の方針を示さなければならなくなるからである。翌12月3日の定例会見で伊藤邦男社長は、「チェックを十分しなかった当方のミス。差別を助長する結果を招き深く反省している」と述べたが、こうしたあいまいな局側のおわびの姿勢に、多芸氏ら抗議者は納得しなかった。

12月18日、めぐみホームを再度訪れたテレビ朝日側は、石橋制作局長と「オフィス21」高村氏連名の文書で次のように回答した。

（1）、12月2日の放送で充分なお詫びができたとは考えていないが、すべて局側の責任であるという認識のもとで同番組内で謝罪した。

（2）、制作者の認識不足から起こった重大ミスであると考え、97年2月に社内研修会を開く。

（3）、精神障害者への理解を深めるための番組をできるだけ早く制作、放送する。

この日、四時間にわたる話し合いで多芸氏らは、暴言をはいた舛添、たけし両氏の謝罪が何より先決であると主張したが、局側は「あくまで編集ミスであり、局の責任である。二人に謝罪は求めない」という態度に終始したという。

「きちがい」さえ消せば……

97年2月25日、この種の社内研修会にはめずらしいほど多数が参加し、第八回放送セミナー「精神障害者に対する差別～番組制作現場に求められるもの」が会場をいつもより広げてテレビ朝日で開かれた。

講師は、全国障害者解放運動連絡会議（全障連）関東ブロック幹事の森泰一郎氏で、「障害があっても生きていける社会が差別のない社会であり、我々が克服しなければならないのは〝障害〟ではなくて〝差別〟である」と前置きして、精神障害者の置かれている状況について訴えた。森氏自身、一二年前から精神病を患いながら運動をつづけており、今回の事件では、局側の「単語主義」を批判して次のように述べた。

「基本的にはきちがいということばを使うべきではない。しかし、たとえば、靴屋さんが『きちがい価格』と、安売りを宣伝したのに対して、我々の仲間が抗議してやめさせたケースがあるが、これはあまりいいことではないと考えている。今回、問題はテレビ局側が単語の問題として「きちがい」を消せばいいと考えたことである。舛添氏が『放映できない』と念押しした発言を編集者は「きちがい」だけ消せばと『ピー』の音をかけた。（略）しかし、そのすぐあと、たけしさんの発言では『精神異常者』を消さずにそのまま出している。つまり、『きちがい』さえ消せば番組は問題ないという判断であり、これはほんとうに安直なことば狩りだと思う」

森氏はこう批判し、さらに「私が今回の話のレジュメを作るのにワープロを使ってひらがなの『きちがい』を漢字変換したところ、『気違い』は出てこず、カタカナにしかならなかった。これはメーカーがことばを狩っちゃったのであり、こうした小手先対応では許されない」と述べている。

こうした状況をふまえて、森氏は多くのことを指摘したが、その中でも次のような問題点を強調したのが印象的である。

①精神障害者は医療の現場では「消費者」であるのに、病院や医師、治療法を自分で選べない。

②それどころか昔、同意入院、いま医療保護入院ということばで、保護者の権限により強制入院させられている。たいていの場合、強制ないし半強制入院である。

③生活保護はとりにくいし、障害年金は額が少ない。また、雇用促進法は尻抜けで、仕事はあっても単純作業が多く、最低賃金法すら適用されず、お金が残らない。

「野放しなら武器を」と著書で

ところで、ビートたけし氏は『新潮45』や『週刊ポスト』の連載を単行本にまとめて出版している。『新潮45』の93年1月号から94年3月号までの連載を加筆訂正してまとめた『落選確実選挙演説』（94年6月15日新潮社刊）という本の中で、『TVタックル』と全く同じ趣旨の主張をおこなっている。つまり、「きちがいを野放しするなら対抗する武器を持つ権利がある」というのは、年来の氏の持論なのである。

同書のタイトルになった冒頭コラム（つまり93年1月号分）の中で、たけし氏は、「女や学生に選挙権はいらない」「議員に外人枠を設け、ゴルバチョフやサッチャー、ブッシュ、またはポル・ポトに大臣になってもらう」「憲法改正し、徴兵制をしき、暴走族や前科者を優先的に入れる」「義務教育は小学校までとし、中学以上は民営化、いまの大学は不要」「老人福祉は全廃する。健保も年金もやめ70歳以上の医療費は異常に高くする」「地方自治をやめる」「消費税は15％にする」「国連を脱退する」などと怪気炎を上げたあと、「頭の不自由な危険人物は隔離」の小見出しにつづいて、次のように述べている。

〈人に危害を与えるほど精神的に病んでいる人間は、社会から隔離するのは当然でしょう。それを開放医療とか称して野放しにしていいわけがない。法定伝染病の患者は、隔離される。その伝染病患者の人権には誰も文句を言わないでしょう。危険な状態にある精神病患者を外に出していいとするなら、それを守る手段も認めなきゃおかしい。（中略）隔離するのはいけない、そういう奴が町中にいてもいいということになれば、私はそれに対抗すべき武器を持っていいという法律を作ります。〉

出版物の中でならまだしも、これを放送の中で一方的に展開し、抗議を受け流して反論を認めないとするなら、それは言語道断である。

18

ハンセン病患者・家族、慟哭の90年とメディア

古里を奪いし法をわれら……

国を挙げて延々一世紀近くにわたった差別・人権侵害が、ついに断罪された。「らい予防法によるハンセン病患者の隔離政策は明白な憲法違反」とした国家賠償請求訴訟での熊本地裁（杉山正士裁判長）の判決（01年5月11日）である。

ライ病（ハンセン病）患者に対する隔離政策は遠く1907年制定の法律「癩《らい》予防ニ関スル件」に始まり、戦前（31年）の「癩《らい》予防法」、さらにこれを強化した戦後（53年）の「らい予防法」と、人格権を丸ごと奪う措置が、96年の法廃止まで九〇年間も続いたのである。患者たちは、親にも会えず・子どももつくれず、全生園、恵楓園、楽泉園などの美名を冠した「強制収容所」の囲いの中で、人間性を根こそぎ奪われ、家畜並みの生活を強いられてきた。死んでも故郷の墓に入れなかった。

「救らい」と言う名の基に古里を奪いし法をわれら赦すまじ

と、ある患者は法廷で歌をよみ上げた。

１８７３年ノルウェーの医学者アルマウエル・ハンセンが「ライ菌」を発見。以後、ライ病は遺伝による業病や空気伝染する恐ろしい病気ではないことが証明されていったが、数千年にわたる人類の偏見はなかなか消えなかった。ことにわが国では、「救ライの父」と称される光田健輔氏らの〝神がかった〟絶対隔離理論に誰も抵抗できず、画期的新薬プロミン（43年アメリカで開発）やカナマイシンなど治療薬の開発で「治る病」になったあとも、隔離は続いた。

そして、58年東京で開かれた国際らい会議や、ＷＨＯによる「時代錯誤」という度重なる隔離政策批判（52年、60年）にもかかわらず、国の態度は変わらなかった。

今回の判決で杉山裁判長は、〈遅くとも昭和35年（60年）には、法の隔離規定は合理的根拠を全く欠く状況に至っていた〉と指弾し、また国会が法改廃の措置をとらなかったことは立法不作為の過失・違法に当たると認定した。判決はまた、「ハンセン病は恐ろしい伝染病で、患者は危険な存在」という社会的偏見を取り除く措置を厚生省がとらなかったことを、強く批判した。結核より伝染力の弱いハンセン病の感染は、乳幼児期の長期かつ濃厚な接触の場合に限られるといわれ、事実、90年にわたる隔離政策で、療養所の職員からは一人の感染者もでていない（01年5月10日赤旗）。

患者発生率は年々低くなり、75年には一万人比で〇・九九人、患者は全国で一万一九九人だった。そして現在では、全国一五ヵ所の療養所の患者・元患者は四四〇〇人である。

メディアの反省の弁は？

一方、全患協（全国ハンセン氏病患者協議会、51年結成）の運動は、日常的死活の問題の解決に忙殺され、事実をつきつけて世間の正しい理解を得る啓蒙運動にまではとても手が回らなかった。わずかに74年、中学校教科書を不十分ながら改訂させる成果を上げるにとどまった。

政府がダメで国会も学界も知らん顔となれば、社会的不正をただす期待はマスメディアに託されるが、これもほとんど機能しなかった。メディアやそうそうたる文化人が無知のまま、結果として偏見をばらまき、患者たちはハラハラしながらこれを見守るしかなかった。部落差別問題が同和立法の下で次々に解決していったのとは対照的に、「ライ病差別」は長い間、暗闇の中にとどめ置かれたのである。

画期的判決に照らして、メディアはどうだったのか。熊本地裁判決の翌日の大手新聞社説では、反省の弁は何も語られなかった。

〈政府も国会も猛省すべき〉（毎日）、〈断罪された政府と国会の怠慢〉（読売）、〈社会全体が問われた〉（朝日）等々、いずれも国と議会の非をとがめはしたが、残念ながらマスメディア自らの反省に触れた社説は皆無だった。

ここでは、メディアをめぐる二つの例を紹介しておこう。そのひとつは、60年読売新聞に長期連載された『砂の器』をめぐってである。

『砂の器』の病名転々と

『砂の器』は、ライ病患者を父親に持つ子どもが、戸籍を偽造し過去を抹消したうえで作曲家として成功、大臣の娘と結婚する矢先に過去を知る恩人と会い、身許が発覚するのを恐れて殺人を犯すというストーリーである。いまも名作として読み続けられている。

この小説は、「ライ病」への世間の恐れと偏見を抜きにしては成り立たない。松本清張氏がこれを書いた1960年は、今回の判決がいうように「隔離の必要性はない」ことがすでに明らかになっていた時期である。清張氏が実態をよくわきまえなかったのか、あるいは知りながらも確信が持てず、過去の暗いイメージを固定的にとらえ、これを使って悲劇に仕立てていったのか。私たちにはどうも後者のようにしかとれない。

熊本地裁判決の翌5月12日の読売新聞夕刊で、「よみうり寸評」は四〇年前の連載内容を紹介し、「差別されつづけてきたハンセン病をモチーフにしたことで、社会性を持った推理小説として高く評価された」と、『砂の器』が差別告発に貢献したかのように述べている。そしてそのあと、〈地裁判決は、当然の判断だが、遅過ぎた。国の次に問われているのは「社会の心」だ〉と、とってつけたように書いている。あたかも、読売新聞は『砂の器』を世に出した、悪いのは国であり、「社会の心」だといわんばかりである。

この点では、『日刊ゲンダイ』（5月21日付）勝谷誠彦が、〈日本国政府いや日本国民全体が患者たちに行ってきたことは、ナチスのユダヤ人に対するそれと同じ。死しても出られぬ療養所とはダッハウをはじめとする絶望収容所であった。（中略）かくのごとき人道に対する罪を放置し続けたメディアの責任も重い〉と書いているのと対照的である。

『砂の器』の連載時、患者たちは「不治の病」の偏見が広がることを心配したというが、組織の力が弱いため深い追及はなされなかったのである。ただ、文庫や単行本には、不十分ながら「解説」が付いた。たとえば「新潮文庫本」（73年）では、〈いまでは特効薬もでき社会復帰も可能になったが、それでも、そんな身元がわかれば、世間の目は、彼を隔離しないまでも、差別するかもしれない〉と、小松伸六氏は書いている。

さて新聞連載から一四年後の74年、『砂の器』は松竹・橋本プロの手で映画化された。

その際、全患協側は「不治の遺伝病を軸にした原作のままでは困る」として映画化中止を申し入れ、結局ラストに次の字幕を入れることで妥協した（『続・差別用語』汐文社）。

〈ハンセン氏病は、医学の進歩により特効薬もあり、現在では完全に回復し、社会復帰は続いている。それを拒むものはまだ根強く残っている非科学的な偏見と差別のみであり、戦前に発病した本浦千代吉のような患者は日本中どこにもいない。〉

さらに77年秋、フジテレビが『砂の器』のテレビ放送（10月〜11月、六回）を企画した際は、全患協はエンドの字幕方式を拒否、一歩もひかぬ態度で中止を要求した。その結果フジテレビは、父親の千代吉を「支那事変で負傷して帰還後、精神異常を来たし、廃人同様」と、精神障害に〝病名変更〟してしまった。さらに91年10月、テレビ朝日がドラマ化した際は、父親は過失殺人の「過去を持つ人物」に変えられた。

テレビ二社の扱いは、「ライ病」ではトラブルが起こる、変えてしまおうという安易無責任な自己規制でしかない。父親の過去と自分の出目を隠すための殺人の動機付けとしては、いたって弱いものになってしまった。

『豹頭の仮面』は改稿に

二つめは、79年から始まり現在も執筆刊行が続く栗本薫氏の〝大河ヒロイックファンタジー〟『グイン・サーガ』シリーズをめぐる話である。一〇〇巻をめざしているそのシリーズ第一巻『豹頭《ひょうとう》の仮面』の中に「ライ病」に対する無知・無理解な表現が随所で見られるとして全患協が抗議し、栗本氏（別名、中島梓）が陳謝して「改訂版」を出した事件である。

『豹頭の仮面』（初出『ＳＦマガジン』79年5月、ハヤカワ文庫本79年9月初版）は、中世のヨーロッパとおぼしき架空の地を舞台に、野蛮な新興国ゴーラ連合王国に滅ぼされたパロ王国の双子姉弟リンダとレムスが、「豹の頭」をかぶせられた怪力の超人グインの助けで敵兵や化け物の攻撃をくぐり抜けていく、おどろおどろしい空想物語である。

その第二話「癩《らい》伯爵の砦」に、ライ病に侵されたヴァーノン伯爵が登場する。かぶとと仮面姿の癩伯爵は、捕虜にした双子姉妹に対し、〈わしにとりついた業病は、空気にふれてひろまるので、わしは決して肌の一部さえも外気にふれさせない〉〈この鎧の下は包帯をまきたてた膿だらけのからだ――業病のために生命ある腐肉のかたまりと化したこのからだに、抱きしめられ、口に口をかさねられるとしたら？〉などと迫るシーンが出てくる。たまたま、ハンセン病の診療にたずさわっている京大付属病院の尾崎元昭医師が、これを読んで全患協に連絡し、調べたところ問題の描写が二〇数ヶ所も見つかった。全患協は、これらの描写はハンセン病への偏見を広めるものであり、「舞台を過去に設定したからといって責任を免れるものではない」として82年1月、おわびと訂正文の掲載を要求した（82年3月14日、毎日新聞）。

栗本氏と、栗本氏の夫である早川書房ＳＦセクション編集長の今岡清氏らは、この申し入れを全面的に了承、具体的交渉の結果、いっそのこと改訂版を出す方がスッキリしているという結論に達した。83年1月発行の『豹頭の仮面・改訂版』では、癩伯爵はすべて黒伯爵、「黒死の病に侵されたモンゴールの黒伯爵」に改められた。病名を黒死病に変えたため、〈とりついた業病は空気にふれてひろまる〉とか〈わしは、業病に脳まで侵されているせいか、ひどくひねくれた人間〉云々のくだりは、そのままにされた。

『改訂版』の「あとがき」で栗本氏は次のように書いた。

〈内容に差別的な表現があると抗議をうけ、話しあいの結果訂正文をつけ加えることになりました。が、私の『グイン・サーガ』にそのような問題をのこしておくのはイヤですし、私はこの作品をかくにあたりヴァーノン伯爵という人物を、業病におそわれた哀れな人間として強調したかっただけで、まったくその業病が実在の病気であることは必要ないことでもありましたので、全面的に稿を改めることがいちばん私として気持のよい方法だ、と考えました。（中略）幸い全患協の方々はきわめて人間的に立派な、道理をわきまえた方々ばかりであり、その抗議がすべてまったくもっともであることを私は喜んで認めることができました。〉

『ハリー・ポッター』つまずく

〈出版冬時代に元気印の翻訳小説〉（日経新聞01年2月10日付）といわれる中で、童話『ハリー・ポッター』シリーズは大人を巻き込んで一種のブームを巻き起こしている。日経記事によれば、同シリーズは01年2月の時点で第一作の『ハリー・ポッターと賢者の石』が一六五万部、第二作の『ハリー・ポッターと秘密の部屋』が一二〇万部といずれもミリオンセラーになっている。

その二作目『秘密の部屋』が、差別表現で関連団体から追及された結果、問題箇所を削除したが、すでに出回っている版をめぐって、図書館が対応に苦慮していると朝日新聞が報じたのは01年2月8日付夕刊。そのあと月刊誌『創』01年4月号が〈『ハリー・ポッター』差別表現事件の波紋〉という記事を掲載した。しかし、二つの記事をみても、何の表現が問題にされ、削除されたのかは不明のままだった。

そこで、私たちはインターネットで検索を進めた結果、日本図書館協会のホームページで問題の表現や図書館協会側の対応など必要データを入手した。

『ハリー・ポッター』シリーズはイギリスの女性童話作家ジョアン・キャサリン・ローリング（65年生まれ）が、

離婚後乳児を抱え、生活保護を受けながら第一作を書いたと伝えられる。魔法魔術学校に通うハリー少年（第一作時11歳）が学友や先生の協力で数々の難局を切り抜け、悪の魔術師と対決する波乱万丈の超能力冒険物語で、毎年一作、全七作を予定している。

第一作『賢者の石』がイギリス・ブルームズベリー社からでたのは97年6月、第二作『秘密の部屋』は98年7月、第三作『アズカバンの囚人』は99年7月。第四作『炎のゴブレット』は00年7月、第五作『不死鳥の騎士団』は01年9月、そして第六作『謎のプリンス』が05年7月と、続けて刊行されている。第一作発売からイギリスでたちまちベストセラーになり、これまでに世界三五ヵ国で出版された翻訳本も合わせると四〇〇〇万部以上という超売れ筋になっている。そしてローリングさんは01年3月、勲功章（ＯＢＥ）をチャールズ皇太子から授与されている。

その日本での翻訳本の話に移る。出版元の静山社は、これまでほとんど知られていない小出版社で、社長の松岡佑子氏が翻訳も行っている。たまたま98年10月、イギリスの友人から本を紹介されてとりこになり、直接交渉で宝の山の版権を獲得したという。この本はこどもや若者だけでなく、オジさん、オバさんにもけっこう読まれている。

口唇・口蓋裂友の会が抗議

さて、問題のことばは『秘密の部屋』の四三八ページ、ハリーと友人のロンが秘密の部屋の化物と対決する前、売れっ子作家で魔法学校の先生でもあるロックハート氏とやりとりをしている中にでてくる。ハリーらは、作家先生が化物との対決を恐れて逃げ仕度をしているのをとらえて、『闇の魔術に対する防衛術』を書いて教えている先生が、まさに闇の魔術が起こっているときに「逃げ出すっておっしゃるんですか」とつめよる。するとロックハート先生は次のように答える。〈「ちょっと考えればわかることだ。私の本があんなに売れるのは、中に書かれていることを全部私がやったと思うからでね。もしアルメニアの醜い魔法戦士の話だったら、たとえ狼男から村を救ったのがその人でも、本は半分も売れなかったはずです。本人が表紙を飾ったら、とても見られたものじゃない。ファッション感覚ゼロだ。バンドンの泣き妖怪を追い払った魔女は兎口《みつくち》だった。要するに、そんなものですよ……」〉

問題になったのは、ロックハート先生のこのセリフの最後の部分である。初版第六六刷以後では「バンドンの泣き妖怪を追い払った魔女は兎口だった。」の二四文字がそっくり削除されている。

問題の表現ははっきりしている。「兎口《みつくち》」である。小学館『国語大辞典』によると、「三ツ口」は、兎唇とも書き、〈上口唇が生まれつき、裂けている奇形。妊娠初期に胎児の口唇は左右から融合するが、この発育の障害による。ウィルス感染、栄養不足、遺伝などが原因〉とある。また別の辞典によると、発生は一〇〇〇人に一人ぐらい、通常は生後二〜三週間で整形手術を行い、糸の痕はほとんど残らないという。

ところで、テレビ朝日の審査部用ハンドブック『要注意放送用語』（86年11月）では、「みつくち」は言い換えとして「兎唇」となっており、英語でも文字通り兎唇= harelip となっている。

『創』01年4月号などによれば、『秘密の部屋』を読んだ「口唇・口蓋裂友の会」（略称・口友の会、会長安田真理）の会員から、00年10月「差別表現が差別的侮蔑的に使われている」と強い抗議が静山社になされた。これに対して松岡社長からは、差別に対して人一倍敏感で強い信条をもっていることや、翻訳に当たっては決して不注意から差別用語を使ったのではなく、十数人に相談し迷った末の決断だったこと、さらには、問題の一文は、自分自身容姿を鼻にかけた軽薄な登場人物（注・ロックハート）の軽薄なセリフとして差別用語が使われているもので、あえてそのまま翻訳した、という趣旨の返事がとどいた。

　そして11月1日に話し合いが持たれ、「口友の会」側は削除とあとがきを要求したが、結論としては「削除」だけで処理することで折り合いがついたという（『創』）。静山社は00年12月2日発行の第六六刷から「削除」を実行した。

図書館の自由に関する宣言

　では、図書館は、この問題にどう対処したのだろうか。

「口友の会」は、00年12月20日、日本図書館協会と全国五二〇の図書館あて次のような要望書を送付した。

〈かつては口唇口蓋裂を指すことばとして用いられていた「みつくち」「兎唇」ということばは、現在差別的としてほとんど使われておりません。今の子どもたちは、口唇口蓋裂という疾患と、こうしたことばとが結びつかないのです。それだけに、今回記録的に売上げを伸ばして話題になっている本の中で、これらのことばが「兎の口」というイメージや「醜い」「とても見られたものじゃない」という価値観と一緒に投げられることで、疾患をもつ本人や家族は心に大きな傷を受けてうちひしがれるとともに、それらが多くの人々、それもこれから社会を担う子どもたちに記憶されることを、私たちは大変危惧しております。

　貴館に削除前の蔵書がお有りの場合は、上記の主旨を十分ご理解の上、削除前の本に対するご配慮をご検討お願い申し上げます。〉

　この要望書と同じ趣旨のものは、全国一五〇の書店と一四の取次にも出されたという。

要望書を受け取った各図書館はそれぞれ対応を協議した。多くの図書館は回収などせずに従来通り貸出す態度をとったが、京都市立の各図書館や高崎市立、板橋区立中央、国分寺市立などの図書館は、新しい削除版と差し替えていく処置をとったという。

ところで、日本図書館協会（ＪＬＡ）は、各館からの相次ぐ問い合せに対して、「図書館の自由に関する宣言」の活用の要請とともに、76年のピノキオ問題の際に出された次のような「差別的表現を批判された蔵書の提供についてのコメント」（ＪＬＡ図書館の自由に関する調査委員会作成）を改めて提示した。

1、差別の問題や実態について人々が自由に思考し論議し学習することが、差別の実態を改善するうえでは必要なことです。

2、差別を助長すると批判された表現や資料を市民から遮断することは、市民の自由な思考や論議や学習を阻み、市民が問題を回避する傾向を拡大します。

3、ことばや表現は、人の思想から生まれ思想を体現するものです。差別を助長する、あるいは侮蔑の意思があると非難されることばや表現も同様です。そして図書館は思想を評価したり判定する、あるいはできる機関ではありません。

（4、5略）

19 「第三国人の横暴とは誰をさす」と問われて宮沢首相は……

韓国・朝鮮は日本にとっていちばん近い隣国でありながら、国名や地名の呼び方ひとつにも「日韓併合」と「南北分断」の重い歴史が影を落としていて、表現者が差別の意図なく用いた記述でも、差別表現として批判されることが少なくない。なかでも「北鮮」「京城」「第三国人」の三つは、絶対差別用語として時には厳しい糾弾を浴びてきた。これらのことばのいったい何が問われてきたのか。糾弾する側の主張を紹介しながら、過去にさかのぼって問題点を検証する。

「北鮮・南鮮」論争

92年8月、朝鮮問題や部落差別問題で多くの本を出している明石書店から『新版・朝鮮にかかわる差別表現論』が出版された。これは、同社が82年6月に出版した『文学の中の被差別部落像——戦後篇』の中に「北鮮」「南鮮」という表現があったことに対して、読者から「差別表現」であるという抗議がなされたため、〝差別を撃つ〟出版社の反省を込めて、84年にこの問題を論議したブックレットを発行、それに執筆者側の反論などを加え、改訂新版として刊行したものである。

『文学の中の被差別部落像――戦後篇』は、ＮＨＫに勤める梅沢利彦（差別とたたかう文化会議）、平野米久（新日本文学会）、山岸嵩（新日本文学会）の三氏の執筆によるもので、松本清張『眼の壁』、司馬遼太郎『胡蝶の夢』、井上光晴『地の群れ』、小田実『冷え物』、住井すゑ『橋のない川』、大西巨人『神聖喜劇』、野間宏『青年の環』、中上健次『岬』などの作品が、部落問題に限ったユニークな観点から、〝解放文学〟の創造への期待を込めて批評されている。

その第三章「金達寿と井上光晴」（山岸嵩執筆）の金達寿の項に、問題の記述がでてくる。

山岸氏は、金達寿の『眼の色』と『富士の見える村』をとり上げ、在日朝鮮人作家の眼からみた被差別部落民は、「類型というおぞましい容貌をさらす」と指摘し、そのように描く金達寿の「人間の位置」について次のように述べた。〈しかし師というか彼の文学、在日朝鮮人文学の先達でありライバルは金史良であった。（中略）二人の交流期間は短かったが、史良の位置から射しこまれた光と影はその後の達寿文学に無視できない。北鮮出身の史良が「川」（筆者注・玄海灘）をこえて故国に戻り、更に鴨緑江をこえてプロレタリアートの「祖国」に戻ったのに、南鮮出身の達寿は「川」を何往復もしたあげく、異国に戻る。そのことで史良は死ぬが、達寿は生きのび、生きのびた達寿は終生「川」を背負いこみ、向う側はこちら岸より、こちら側はこちらにいる向う岸の人間の位置より書きつづける。〉

出版元には、発刊後まもなく何人かの読者から〝反差別の旗を掲げる明石書店として何ごとか〟という趣旨の指摘がなされた。朝鮮問題だけで三〇冊近い本を出している明石書店は、事業の根幹に関わることから事態を重視し、執筆者に謝罪と訂正を要請するが、これはきっぱりと拒否される。その後、ようやく山岸氏から訂正文が寄せられるが、その内容は「本書における『北鮮』『南鮮』は、ことばのもつ差別的歴史と現在を深く考え次のように訂正します。北鮮→北部、南鮮→南部」という形ばかりのものだった。

そこで、暗礁に乗りあげた問題の打開策として、書店側は82年11月20日と83年5月21日の二回にわたり、執筆者三人に福岡安則（社会学者）、梶村秀樹（朝鮮史研究者）、内海愛子（朝鮮問題研究者）の各氏らを加えたシンポジウムを開き、執筆者たちを集中的に批判するとともに、その内容をもとにブックレット『朝鮮にかかわる差別表現論』を刊行した。それは中味の濃い糾弾会であった。

「差別の意図ない」

執筆者グループのまとめ役となった梅沢氏は、反論の中で、原稿読み合わせの際、「これは問題になるぞ」「表現がまずいぞ」「カッコでくくるか」などの意見を出したが、山岸氏が「表現上の必要」を理由にガンとして応じなかったことを明らかにした上で、こう書いている。

〈ところで山岸のこの文章はいい。朝鮮が植民地支配され、しかも解放もつかの間で分断状態がつづく、その歴史の歯車のねじれが在日朝鮮人作家にあたえる苦渋がわずか五行ほどの文章に凝縮され、しかも叙情的に表現されている。なによりもこの部分から二人の作家の、それぞれの重い生きざまをかい間見る思いがしてじーんとくるものがあった。〉

たしかに、山岸論文には文脈上、差別の意図は全く見られない。にもかかわらず、二つの単語で徹底糾弾を受け、その結果を出版されたのである。

山岸氏は、文章のリズムを重視し、非常に簡略化された形を使いたいと考えて北鮮、南鮮の語をあえて使ったのであり、「地理的区分としてあの文脈の中で読者に誤解されることはないと判断した」という。そして、若干の不安を持ちながらも、他の共同執筆者もこれを了承したのである。

山岸氏は、この二語を使うことについて十分考えたが、「鮮」ということば自体には汚れた響きを受けなかったので使ったと述べ、また梅沢氏は、「北鮮」という語は「北」を国家として認めない冷戦構造の流れの中で使われてきた国際政治上の問題のことばであり、「差別語」という規定には納得がいかないと述べている。

こうした執筆者側の見解に対し、福岡、梶村両氏らは、「『北鮮』『南鮮』が差別語であるという認識に欠けているのに、それを糊塗しようとしている」「差別表現を許すような文体は、一見リズミカルにみえようとも、本質的に美しい文体とはいえない」と追及した。

結局、シンポジウムでの話合いは平行線のままで終わり、明石書店側は、「みずからの犯したあやまちを認めようとする態度に欠けていた」として、「著者たちと袂を分かつ形」で出版に踏み切ったのである。

明石書店はまた、この本とは別に、86年11月には、梶村、内海両氏らの共同執筆による『朝鮮人差別とことば』も刊行している。

別件だが、在日の朴寿南氏は、『もうひとつのヒロシマ』(舎廊房刊)の中の金四龍氏へのインタビュー記事で、「北鮮が自分らの国だというが、先祖の墓も南鮮にある」と書いている。が、この件が糾弾されたという話は聞かない。

また宮沢首相（当時）も、総選挙を前にした93年6月30日の自民党全国幹事会であいさつした際、「北鮮で核兵器がどうなっているか国民的関心があるが、社会党は韓国とも付き合いができていない」と発言したことが毎日新聞（7月1日付）に報じられているが、この発言が糾弾されたという話も聞かない。

「鮮」は日韓併合後の表現

さて、梶村氏ら批判者によると、北鮮、南鮮などと「朝鮮」の下だけとって「鮮」と短縮して表現するようになったのは、1910年（明43）の日韓併合条約以降のことで、日本の植民地支配にもとづく典型的な差別語であるという。鮮人、不逞鮮人、日鮮、満鮮などがそれで、それ以前は、日韓協約、渡韓、北韓、韓民など、大韓帝国（1897～1910年）の国名を略した「韓」が使われていた。日韓併合時代の朝鮮総督府などにみられる「朝鮮」という表現は、韓国を併合したのち、国名を消去するために地域名としての朝鮮を当てたものであり、北鮮、南鮮などの表現もそこから出てきたのだという。そして、「鮮」自体は美しい意味の語だが、こうした抑圧的歴史背景を持っているため、たとえば「鮮人」は日本人が「ジャップ」ないしは「ポン人」と呼ばれる以上の不快な響きを朝鮮の人々に与えており、まして、「朝廷」（梶村氏指摘）や「南朝北朝」（梅沢氏）との混同を気兼ねしてか、頭の「朝」を省略する異常なやり方は許されない、というのである。

たしかに韓国成立後、「南鮮」は死語化したが、「北鮮」は残され、反共的意味あいを込めて使用されつづけた。「ホクセン」については、59年に朝鮮総連がマスコミ各社へ抗議の要請書を送った結果、「北朝鮮」という略称に切り換えられていき、さらに64年の東京オリンピックを境に、「朝鮮民主主義人民共和国（北朝鮮）」という現在の表記が定着してきている。

マスコミ各社の用語ハンドブックには、「朝鮮の略称を『鮮』一字で表わすことはしない

〔注〕北鮮→北朝鮮、南鮮→南朝鮮、日鮮→日朝または日本・朝鮮」（共同通信）と書かれている。

「差別語使用に秀作ない」？

ことばのリズム、短縮形に関連して、もうひとつの事件を紹介する。短歌のケースである。82年10月と11月に朝日新聞の短歌欄「朝日歌壇」に「北鮮」を含んだ次の短歌二首が秀作として掲載され、梶村秀樹氏や「在日韓国・朝鮮人生徒の教育を考える会」の人々が抗議行動を行った。

「崔青学という名で届く北鮮に帰化せし姉のふみ懐かしむ」東久留米市・小島範治（10・31）
「国敗れ北鮮に奉仕の稲刈りに出されし白飯のうまかりしかな」長崎・高岡李子（11・28）

この二首について「考える会」側は、「いかにすぐれた短詩型文学作品でも、差別語が用いられていれば、いい作品とは思わない」（梶村氏）と追及。朝日新聞社側は、「一般の記事では『北鮮』は使用していない。二首とも、差別する意識は見られない。短詩型文学の制約もあるが、好ましくはないので今後は慎重に配慮する」などと答えた。

選者側は、「作者は以前から姉と北朝鮮の風土への想いをうたい続けてきた。この歌も、北朝鮮の人になりきった姉への愛情を率直にうたっているので採った」（馬場あき子氏）、「敗戦国民である自分に白いご飯を出され、しかもおいしかったという、北朝鮮に対する感謝の心持にうたれて選んだ」（宮柊二氏）という選考事情を新聞社へ寄せるとともに、「北鮮は単に北朝鮮の略と考えていた」ことを明らかにした。

数度のやりとりの末、結局①代表者の論文を本紙に掲載する、②「歌壇」の年刊から二首を削除するという約束がなされ、83年3月11日付夕刊に「『北鮮』の意味するもの」という梶村氏の論文が掲載された。梶村氏はその中で、「日本人が自らの民族差別意識と闘おうとするさいの困難は、日本のすべてが差別する側に立っているという構造にある。……私たちは、まず『北鮮を単なる省略としか感じない』歴史的存在としておのれを問い返すべきだ」と主張した。

辞書から消えた「鮮人」

辞書のあつかいについても触れておこう。

70年7月、日本朝鮮研究所は『広辞苑』の「北鮮」「鮮人」の項の記述に問題ありとして岩波書店と交渉を行った。この二語の『広辞苑』でのあつかいには次のような変化がみられるが、朝研側が「問題あり」としたのは第二版四刷の前である。

〔北鮮〕

・第一版（55年）→北朝鮮。北鮮人民共和国の略。
・第二版（69年5月）→朝鮮の北部。朝鮮民主主義人民共和国の俗称。
・第二版四刷（71年1月）→北部朝鮮の意。戦後、俗に朝鮮民主主義人民共和国をこう呼んだ。

〔鮮人〕

・第一版、第二版→朝鮮人の略。
・第二版四刷→削除。

「北鮮」について朝研側は「蔑称」ないしは「俗称に用いられているが誤りである」と書くよう要求したが、岩波側はこれを断わり、第二刷補訂版や現行第四版（91年11月）でも記述は同じである。

また、「鮮人」については、岩波側が削除してしまったが、差別語といえども歴史的に存在したことばは記述を工夫して残すべきであり、辞書から削除して死語にする態度には問題が残る。

ちなみに小学館『国語大辞典』や三省堂『大辞林』では、「北鮮」「鮮人」とも立項すらしていない。「北鮮」に代表される用語問題は、かつての日本の朝鮮支配、それにつづく南北分断と二つの政権の存在という要素がからみ合って問題を複雑にしている。「北朝鮮」というのもおかしな表記である。

「北鮮は差別語」と主張する人々は端的に「北を朝鮮、南を韓国と表現するのが当然である」と述べている（内海愛子、梶村秀樹、鈴木啓介編『朝鮮人差別とことば』78ページ）。しかし、ことはそう簡単ではない。「朝鮮」と北を呼べば、朝鮮半島全体を支配しているととれる、との抗議が南からくることが十分に考えられるからである。

かつて82年4月、NHK教育テレビで「朝鮮語講座」を開設しようとした際、韓国系の団体から「韓国語にすべき」と抗議を受け、もめた結果、結局二年も遅れて84年4月からスタートしたといういきさつがある。難産の番組名は『アンニョンハシムニカ（お元気ですか）――ハングル講座』に落ち着いたが、講座の中では「かの国」とか「この言語」といったぼかした表現が使われた。ちなみに、北は南のことを「南半部」（ナムパンブ）、南は北を「北韓」（ブックゥアン）とそれぞれ呼んでいた。

「京城」論争

92年6月1日付『解放新聞』（部落解放同盟機関紙）は、在日韓国人の短歌作家・李正子さんに解放新聞元編集長だった土方鉄氏がインタビューした記事を掲載したが、その中に首都ソウルのことを、土方氏が「京城」と述べた個所があった。記事では「京城《ソウル》」とルビがふられていたが、広島の「民族差別と闘う連絡協議会」（民闘連）

系の在日韓国人団体から、差別表現であると強く抗議、糾弾された。
「京城」は日韓併合以来、敗戦の45年まで、日本の植民地支配にともない、それまでの「漢城」を強制的に改称した帝国主義的表記である。ふだん差別表現追及の先頭に立っていた土方氏（差別とたたかう文化会議議長）は、この歴史的経緯を知らずに京城を使用したもので、「糾弾するものが糾弾される立場に立った」と小森解同中央書記長は書いた（『部落解放』92年12月号）。小森氏が指摘したように、前述の『文学の中の被差別部落像』事件でも、土方氏は、問題を「筆者の筆のあやまりなどと、矮小化してはならない」と批判する論文を前掲『朝鮮にかかわる差別表現論』に書いている。

広島で行われた交渉では、解放同盟側が「本人が知らなかったとはいえ、校正でも見落とした。もうしわけなかった」と謝罪し、後日『解放新聞』でも反省文を掲載したが、民闘連系団体は「そんな簡単なことで済まされるのか。それでも日本の解放運動の主流の言うことか」と追及の手をゆるめなかったという。

当の土方氏は93年3月号の『部落解放』で、「外国の都市名」と題して中国や朝鮮の地名表記の難しさについて書いている。その中で同氏は、江戸時代の朝鮮通信使の史料にもしばしば「京城」が出てくるし、日本造語ではなく、朝鮮成立のことばであると〝釈明〟したうえで、「日本帝国が改称を強制したのはまぎれもない事実であり、その意味で朝鮮・韓国人には屈辱の都市名というほかはない。わたしにその認識がなく、戦後、ソウルと呼ばれているのを、『京城』の現地読みとばかり、誤解していたのである。恥ずかしい限りである」と自己批判した。

ところで「ソウル」とは、朝鮮語で「ミヤコ（都邑）」を意味する普通名詞で、京の都が京都になったのと同様に固有名詞化した。北朝鮮側もソウルと呼んでいる。古くは漢江の北岸（陽が当たる）にあるので漢陽《ハンヤン》と呼ばれたが、14世紀、李王朝時代に漢城《ハンソン》と改められた。

また、漢文学の中では、京都、京洛、都城、都邑、皇城などの別称が見られ、その中に京城もあった。20世紀初めの頃は、大衆の常用語は「ソウル」、官庁用語は「漢城府」だったが、1910年の日本支配から「京城府」に改められ、一般通用語も日本語読みの京城《ケイジョウ》を強制した。

したがって、京城ということばそのものには差別的な意味はないが、日本の植民地支配と分かちがたいため、朝鮮の人には植民地支配用語と受けとられてきたのである。

NHKがテキスト回収

「京城」については、NHKでもテキスト回収事件があった。93年4月からNHK教育テレビやラジオで使われているテキストに「京城」などの問題表現があることが、広島の民闘連から指摘され、NHKは7月5日、問題とされたテキスト（公称一三万部）の残りを回収する措置をとった。

民闘連広島によると、『歴史で見る日本』や『世界くらしの旅』『現代社会』に「京城」（地図で四ヵ所）の表記があるほか、日本の大陸侵略が「進出」とされるなど、問題個所は四七ヵ所にのぼるという。

「第三国人」首相の著書に

91年12月4日の参議院本会議で、社会党谷畑孝議員は、91年6月発行の宮沢喜一首相の著書『戦後政治の証言』（読売新聞社）の中に「第三国人の横暴」という〝差別表現〟があると追及した。

谷畑議員はPKO協力法案に関する質問の中で同書に触れたもので、宮沢首相が警察予備隊の創設に関連して

「国内の治安は米軍と丸腰に近い日本の警察が当ってきたのだが、第三国人の横暴などには手が出せず、そのつど米軍をわずらわせていた。このため、ある程度の装備を持った治安力がほしいと考えていた日本人は少なくなかった」と述べていることを指摘し、「この第三国人とは誰をさすのか。在日韓国・朝鮮人の横暴を押えるために警察予備隊が必要だったという認識は、あまりにも悪意に満ちた偏見である」と追及した。

席上、宮沢首相は、第三国人が差別表現であることを認め、再版のときに改訂すると答弁した。

『大辞林』によると「第三国人」とは「①当事国以外の国の人。②第二次大戦前および大戦中、日本の統治下にあった諸国の国民のうち、日本国内に居住した人々の俗称。敗戦後の一時期、主として台湾出身の中国人や、朝鮮人をさしていった。三国人。」となっている。

敗戦直後、在日朝鮮人は、いわゆる第三国人（連合国側や中立国でもなく、日本など枢軸国の国民でもない被解放国民）とされ、あるケースでは「非日本人」「外国人」として、またある場合には「日本人」として処遇され、人権を無視した不安定な、地位におかれていた。

そうした時代を描いた『少年サンデー』（小学館）の劇画シリーズ「おとこ道」（梶原一騎作、矢口高雄画）が、70年8月から9月にかけて「殺《や》られる前に殺《や》るんだ、三国人どもを!!」「まんぴき」「ブタ」「なにアルヨ」などの表現を多用し、日本朝鮮研究所から「差別」として追及されて、71年2月16日に小学館側が「おわび」を掲載するという事件を起こしている。

また、80年10月には、『ヤングジャンプ』（集英社）の「どついたれ」（手塚治虫）にでてくる「ここはこれからタップリ血だまりができるんだ。三国人との決戦でェ！」の表現が抗議をうけたほか、81年8月には、『朝日新聞記者の証言5』（81年8月15日朝日ソノラマ刊）に掲載された「第三国人の独壇場」の章が兵庫民闘連から問題にされ、抗議を受けている。この章には、「彼らの一部には、治外法権があるかのような優越感をいだかせ、社会の混乱に乗じて徒党を組み、統制物資のヤミ売買、売春、強・窃盗、土地建物の不法占拠などの不法行為をほしいままにし、戦後の混乱を拡大した」といった記述があった。朝日ソノラマ側は、「差別意図はなかったが、〝第三国人〟なる表現には配慮に欠けるところがあった」と謝まり、在庫を処分する措置をとった。

さらに、84年4月には『週刊朝日』(84年5月4日号)の芸術欄で劇団自由劇場の新作を紹介した記事の中に、「第三国人とヤクザの抗争」という表現があり、在日韓国・朝鮮人生徒の教育を考える会から抗議を受け、朝日側は、第三国人を社内の「取り決め集」に入れることを約束した。

20 糾弾つづく「バカチョン」から「北鮮海流」まで

ど肝抜く『月はどっちに……』

93年に国内の映画賞を総ナメにした『月はどっちに出ている』は、朝鮮人への差別表現をめぐってふだんハレモノにさわるような対応を迫られている放送局など、マスコミ関係者のど肝を抜いた。

「在日」朝鮮人のタクシー運転手を主人公にしたこの映画では、主人公自らがフィリピン女性をたらしこむ、南だ北だと「同胞」がいがみ合う、「在日」同士のだまし合いでタクシー会社が破産する、など、きれいごとでない「在日」の姿が、「在日」の監督の手でテンポよく描かれている。北朝鮮への送金の手口、フィリピンパブ、不法滞在のイラン人、慰安婦問題、ヤクザなど、差別との関連で扱い難度Dクラスの問題が自然な形で出てくるが、極めつけは日本人運転手の「おらあ、朝鮮人はずるくて、不潔で、嫌いだ。けど忠さんは好きだ」というセリフである。

いまや障害者や被差別者をドラマで悪く描くことは不可能といわれているが、『月はどっちに……』の崔洋一監督は、「外国人はみな清く、貧しく、美しくという描き方、それは違う。ガイジンだって、ずるくてスケベなやつもいる」と述べている。

　年間ベストワンの映画なら競って飛びつくはずのテレビ局も、あまりにもあけすけな表現に慎重になり、この映画の放映権交渉には消極的だった。結局、地上波のテレビ局は敬遠し、「WOWOW」（日本衛星放送）が94年6月にノーカットで放送することになったが、どこかから突つかれたり糾弾を受けたりしたのではかなわない、というのが地上局の本音だったようである。

「朝鮮人……」という表現が問題視された次のようなケースもある。

　91年1月18日、信越放送ラジオで放送したNTTのCMが、地元の部落解放同盟と朝鮮総連から差別だとして抗議を受けた。問題にされたCMは、『青春の日の歌謡曲』の中で使われた「よい子の作文テレフォン」で、長野市内の小学校五年の女生徒が遠足で松代大本営地下壕を見学し、「岩々がまるで死んだ朝鮮人の人たちのようで無気味でした」と書いた作文を紹介したもの。事前に地下濠建設の歴史的背景や朝鮮人強制労働の実態などをよく勉強し、小学生なりの率直な思いを込めて書いたもので、差別の意図は感じられない。

　しかし、抗議を受けた会社側は、「問題ある表現とは思わない」としながらも、主として解同長野県連の抗議により、91年3月6日、人権感覚と表現をテーマに社内研究会を開き、3月9日にはラジオで『人間の誇りうる時』（中山英一出演）を放送した。

　松代大本営は、本土決戦に備え天皇と大本営を守るため、1944年11月から45年8月まで掘られた巨大な地下壕。その突貫工事には多い時で一万人が従事したが、労働力の主体は朝鮮から強制連行されてきた人たちで、七〇〇〇人を数えたという（青木孝寿著『松代大本営・歴史の証言』92年6月、新日本出版社刊）。壕跡は90年8月から一部公開されている。

「チョン」は朝鮮人差別か

「バカだのチョンだの」とか「バカチョンカメラ」という表現は、いまでは全マスコミで禁句に指定され、カメラは「全自動カメラ」（朝日、読売）、「自動露出カメラ」「オートマチック・カメラ」（テレビ朝日）などと言い換えられている。

いつから「バカチョンカメラ」と言われるようになったか定かではないが、機械オンチのシロウトでもチョンと押すだけで写せる、という意味の便利なことばだった。英語でも「フールプルーフ」（fool proof＝バカでも扱える、間違えようのない、きわめて簡単）という語がある。言い換えでは、この語感はなくなる。

どうして「バカチョン」が使えなくなったのかといえば、「チョン」の部分が朝鮮人蔑視の差別表現だからだという。しかし『大辞林』（三省堂）によると、「ちょん」の項④に俗語で「一人前以下である」として、「ばかだの、ちょんだの、野呂間だのと」（西洋道中膝栗毛／魯文）の用例が載っている。また『国語大辞典』（小学館）では、「まともでないこと。頭のわるいさま。またそういう人や物。『ばかだの、ちょんだの』」とある。

つまり、「バカだのチョンだの」とは日本にむかしからあることばで、もとは朝鮮蔑視の「チョン」とは関係ないことがわかる。

また、「チョン」には芝居の柏子木の音から「幕切れ」「おしまい」、さらに「軽くちょっと」した動作を表わす語として使われてきた。「チョンの間」「チョンとさわる」などの擬音、擬態語も古くからの日本的表現である。

「チョン」が差別語にされてしまった背景には、次の三つの説がある。

①朝鮮語の「チョンガー」＝丁年（20歳）前の未成年男子の髪型の名である「総角」（チョンガー）から転じて、

成人後も独身のままの男性の蔑称へ。札幌への単身赴任を「札チョン」と呼ぶ俗語は、ここからきている。
②朝鮮語の「ペクチョン」（白丁）＝白丁は「平民」の意だったが、後に被差別民の意味に使われるようになった。その「チョン」。
④戦後使われた朝鮮学校の生徒に対する侮蔑語「チョン公」の略。「チョン靴」「チョン・バッグ」などの語もある。
「バカチョン」は、これらのどれかと結びつけられ、朝鮮人蔑視の典型語に仕立て上げられてしまったのである。

バカチョン

91年7月5日の日本テレビ『ズームイン!!朝！』で、キャスターが「バカチョンカメラ」と発言した。担当者が気付いて三分後に「不適当だった」とおわびを放送したが、全国在日朝鮮人教育研究協議会（全朝協）広島支部から正式抗議があり、8月と10月に糾弾会が開かれた。

92年6月12日の関西テレビ『トナリのトナリ』で、生物写真家の今森光彦氏が「バカチョンカメラを含めて、レンズ交換のきかないカメラがいろいろありますね」と述べたところ、数本の抗議電話があった。局アナが番組中で「さきほどカメラの呼び名で間違ったいい方をしました。おわびします」と述べ、この件はおさまった。

92年7月6日放送のＫＢＳ京都のドラマ『我ら青春』第一五話で、「バカチョン」のセリフが一〇回にわたって出たところ、視聴者から抗議の電話があった。

92年11月22日のテレビ和歌山『ＪＡまつり生中継』で、フォトコンテストのインタビュー担当者が「バカチョンカメラ」と発言したため、アナウンサーがあわてて「不適当な発言」とおわびを入れた。

93年6月25日深夜のテレビ朝日『朝まで生テレビ』の中で、自民党の戸塚進也代議士が「バカだチョンだと……」と述べた。これに対して、司会の田原総一郎氏は「いまのは差別用語。チョンはいけません、チョンは」とコメントした。

講談社文庫の一冊に「バカチョンカメラ」の表現があり、講談社は92年、全朝協広島支部から抗議、追及を受けた。講談社は数回の交渉ののち、この表現を削除、民族差別と闘う連絡協議会（民闘連、李仁夏代表、事務局大阪市）の重度《ジュンド》事務局長による研修を受けた。

講談社発行『週刊現代』の「差別語問題シリーズ(6)」で民闘連の裵事務局長は、「故事来歴はいろいろあるでしょうが、問題はそれを使ったときに被差別者側が傷つくかどうかの一点にしぼられると思います」と述べ、差別の〝判定権〟が被差別者側にあるという主張を行っている。

チョンガー

「チョンガー」あるいは「……チョン」の語も、とくに関西の局では放送禁止用語に指定されている。事前の番組チェックでみつかれば、すべて音声カットされる。

テレビ東京の情報番組『トランタン白書』で、93年6月はじめに放送した「今こそ知りたい賃貸住宅事情最新版」のコメンテーターが、単身赴任の人などがその日から住める設備の整っているマンションを紹介する際に、「札チョン、福チョンとかよく言うけれど。札幌チョンガーとかね」と発言した。これをテレビ東京は差別語ではないと判断したが、後日、同番組をネットしたテレビ和歌山は「差別発言である」として、テレビ東京に厳重抗議した。和歌山でもカットしないまま放送されていたが、視聴者からの抗議はなかった。

同じ頃、6月10日の読売テレビ『谷村新司のテレビ裸の王様』のラーメン特集で、札幌のミソラーメンの由来を説明する中に、「栄養のバランスの悪い、いわゆる札チョン族のために開発された」というくだりがあった。過去に糾弾された例があることから、事前チェックでこの部分は音声を消すことにした。

毎日放送では、92年2月22日放送のドラマ『三どしま』の中に、「まあチョンガーみたいなものです」というセリフがあったため、事前チェックで音声を消した。

毎日放送は93年5月、谷啓出演のテレビCMに次のような表現があったため、その放送を拒否した。

女性「お味は?」
谷啓「ガチョーン!」
女性「何かほかに言えないの?」
谷啓「チョンガー」

読売テレビは、93年4月13日放送の『長七郎江戸日記』の火野正平と野川由美子のセリフに、「僕、チョンガーなんです」「誰がチョンガーや」とあったため、この部分の音声をカットして放送した。

立往生する学術用語

日本航空の機内誌『ウインズ』90年2月号に「鮮人陶工」と「帰化鮮人」という表現があることに在日韓国人の大学講師が気付き、民闘連が糾弾闘争を行った。「鮮」について民闘連は、1910年の日韓併合以降「韓」に代わって「鮮」が使われるようになったのであり、たんなる朝鮮の略語ではなく植民地主義にもとづく蔑称である、と主張している。

『ウインズ』問題は90年3月から四回の追及を受けたのち、90年12月4日に大阪で民闘連による糾弾会「民族差別語を考えるシンポジウム」が開かれ、須藤日航取締役らが正式に謝罪し、社内対応策について説明した。

この日航に対する糾弾闘争の過程で90年6月、小学館の『海と列島文化』の宣伝用リーフレットの地図の中に、「東鮮暖流」「北鮮海流」という海流名が記されていることが民闘連関係者の目に止まった。『海と列島文化』は、「日本列島を囲む海流が生んだ九つの文化圏から日本文化の源流を探る」とうたい、90年6月の第一回配本から93年2月まで全一〇巻が刊行されている。

90年夏の民闘連の抗議に対して、小学館側は、企画そのものが日本の狭いナショナリズムを排するためのものであり、差別の意図は全くないことを強調、「問題の表現は、文部省の学術用語になっているものを使用したものである」と回答した。そして、この海流名を本編中では使わない措置をとった。

東鮮暖流は、対馬暖流の一部が朝鮮半島の東岸沿いに北上するもの。北鮮海流は、サハリン海域から南下する寒流・リマン海流の一部が大陸沿いに朝鮮北部に突き当たるもので、いずれも文部省の学術審議会学術用語分科会が決めた純然たる学術用語。1930年代から使われていた名称である。

しかし民闘連側は、学術用語といえども日本が勝手に決めた差別用語であるとの立場をとり、90年から91年にかけて百科事典や海洋・気象関係の図書の一斉点検を進めた。

その結果、小学館の『日本大百科全書』、学研の『現代新百科』、岩波の『日本列島をめぐる海』、二宮書店の『地理学辞典』、教育社の雑誌『ニュートン』(91年1月号)などから「東鮮・北鮮海流」がみつかり、個別確認会が開かれた。小学館、学研、二宮は反省の意を表明するとともに、「学術用語を勝手に変更したり、造語できないので苦慮している」と回答したが、岩波は「差別表現であり、校正時にチェックできなかったことを反省する」と答え、出庫停止と改訂を民闘連に約束した。

この問題は、現場教師の通報から高校教科書にまで広がった。啓林館の『地学』に同じ表現がみつかり、90年秋に抗議を受けた同社は、91年度の教科書から二つの海流名を削除することにした。一方、第一学習社の『地学図解』は「北朝鮮海流」としていたため、難をまぬがれた。

民闘連は、文部省、気象庁、気象・海洋・地理学の各学会が名称を改めない限り問題は解決しないとして、91年4月、関係各省庁や学会に海流表記に対する見解を示すよう要請。文部大臣の諮問機関・学術審議会の学術用語分科会は8月下旬、二つの海流名を学術用語集から〝削除〟する措置をとった。この結果、二海流の公式名称がなくなるという妙なことになったが、日本海流気象協会は、とりあえず「北朝鮮海流」「東朝鮮暖流」と言い換えることにした。

21 抗議に応えて「シナ」と「倭」を考える

大好評を博したNHKの日中合作大型ドラマシリーズ『大地の子』（山崎豊子原作、岡崎栄脚色）の第一回で、ソビエト軍の日本開拓団への乱射にもかかわらず、主人公の陸一心と、妹あつ子、それに「大沢のお姉ちゃん」の三人だけが奇跡的に助かるシーンがある。

この時、人の近づく気配の中で、大沢のお姉ちゃんが、「シナ人がくる。ロシアじゃない。シナ語を使っている」というセリフをはく。近くの七台屯村の人々だったのだ。これをもし、「中国人だ。ソビエト軍じゃない。中国語を使っている」としたら、このドラマはいっぺんに薄っぺらになっただろう。

先に電通の「差別語実験テスト」をとりあげ、その問題点を指摘した際に、「支那チク」はどう考えても差別語とは思えないと述べ、『シナの五にんきょうだい』復刊のニュースを伝えたところ（61頁参照）、横浜在住の中国人と思われる方から編集部あてに抗議の手紙が送られてきた。

長文にわたる抗議のポイントは、「支那」はたとえ発生時無害なことばだったとしても、その後、中国人に対する蔑視語の最たるものとして使われてきた以上、その復権を許すわけにはいかないという点にある。その復権に力を貸しているのは高島俊男氏であり、『シナの五にんきょうだい』の復刊はその具体的なあらわれで、『放送レポート』もそのお先棒をかついでいるという指摘である。

高島俊男氏は『諸君』（94年12月号）に「『支那』は蔑称ではない」を書いたあと、95年2月大和書房から『本が好き、悪口言うのはもっと好き』を刊行したが、その中には『諸君』掲載分に加筆した形で、「『支那』はわるいことばだろうか」が掲載されている。高島氏は「支那」は悪いことばではないことを証明するため、さまざまな資料を示しているが、だからといって中国を「支那」に戻せなどと主張しているわけではない。それは不可能であるとしている。

そこで、もう少し詳しく、彼の主張を調べてみることにする。

「シナ」の生い立ち

高島氏によると、もともと中国には、みずからの民族、土地、国を全体として呼ぶ語がない。秦《シン》帝国以後、漢、晋、隋、唐、宋、元、明、清、それに中華民国、中華人民共和国までその時代ごとに国号はあるが、それらを通じての通時的総名がない。その必要がなかったからだ。周辺諸国に対しては「大漢」とか「大清」と称するだけであり、時には「わが国」ないしは「天下の中心の国」という意味で「中国」と称してもよかった。しかし、それは中国の側の事情であって、外部の国にとっては、全部ひっくるめて言う呼び名が必要であった。それが秦から始まった「シナ」ないし「チャイナ」「シーヌ」「チーナ」なのである。

そしてインドから仏典を持ち帰る僧（三蔵法師など）が、これを中国語へ音訳し、「支那」とか「至那」とし、「シナスタン」を「震旦」などとした。

『広辞苑』『大辞林』など現在の日本の辞典では、「支那」について、〈「秦」から転訛した中国に対する呼称。インドや西方から中国に逆輸入された音訳で「支那」になった。日本では江戸中期から第二次大戦末まで用いられた〉などと記され、いまは使われていないことを間接的に示している。

しかし、日本の辞書では、なぜ使われなくなったのか、とか、かつて「差別語」として使われたなどということには一切触れていない。

このことについて高島論文は、かなり詳細に書いている。

つまり、「支那」ということばそのものに差別性は全くなく、古い歴史をもつ由緒あることばとして江戸時代には使われていたが、明治のある時期以降、ごく最近の戦中まで、日本政府の対中国政策とあいまって、一般大衆の間で「支那」は結果として蔑称として使われた。しかし、外交的には中華民国の要請を受け、1930年（昭和5）に閣議で、「支那共和国」と言っていたのをやめ、「中華民国」と改めたが、その後も外交文書以外は、新聞も含め「支那」を用いた。

戦後、中華民国は連合国の一員として代表団を送り、重ねて国号を「中華民国」とするよう厳しく要求したため、1946年6月7日外務省総務局長岡崎勝男（のち外相）の名で、各省へ通牒を発し、同じものが各新聞社へも送られたという。

この通牒によると、「支那という文字は中華民国として極度に嫌ふものであり、（中略）今後は理屈を抜きにして、先方の嫌やがる文字は使わぬようにしたいと考え、念のため貴意を得る次第です」と記され、不本意ながらの文面になっていた。そして、「要するに支那の文字を使わなければよいのですから、用辞例としては、中華民国、中国、民国、華人、日華など差支へなく、唯歴史的地理又は学術的叙述は必ずしも右に拠り得ない。例えば、東支那海とか日支事変とか云うことは止むを得ぬと考えます」と注釈を付け加えた。

それ以降、新聞や出版などマスメディアでは「支那」をやめ、「中華民国」ないしはその略称である「中国」を使用するようになった。このあと1949年に「中華人民共和国」が誕生、国民党の「民国」は台湾へ逃れた。そして、中華民国については、日中国交回復後は二つの中国へ加担しないという意味で、「中華民国」「国民党政府」「台湾政府」も使わず、たんに「台湾」ないしは「台湾当局」と表記するようになった。そして、各新聞社ハンドブックでは、台湾を一国としては数えず、地域として数えると但し書きがつけられた。

「大和」の生い立ち

ところで紀元前、上古の時代に黄河流域一帯に国を建てた華夏族（漢族）は、天下の中心にいると思い、「中国」とか「中華」「中夏」と称した。そして周囲四方は「東夷《とうい》」「南蛮《なんばん》」「西戎《せいじゅう》」「北狄《ほくてき》」と呼んだ。「夷」は「低い、小さい、下等」の人間を意味し、「蛮」は動物、「戎」は猿の一種、「狄」は犬の一種である（高島氏のレポート）。われらこそすぐれている、という中華思想そのものを表わす表現であった。

紀元前3世紀から紀元後5世紀にかけて中国を脅やかした北方モンゴル系遊牧民に対する華夏族（中国）の呼称は、「匈奴《きょうど》」といういかにも性格が悪く、程度の低い人々という命名だが、これが歴史的に通用している。

2世紀にモンゴルを支配した「鮮卑《せんぴ》」にしても「いやしい」民族と呼ばれた。下って7世紀から9世紀にかけてチベットを支配した政権も「吐蕃《とばん》」（蕃は野蛮人）と命名された。モンゴルに対する当て字「蒙古」にしても、〝暗くて古くて〟と悪いイメージである。

さて、日本人も「東夷」の一部であり、「倭」と命名された。「倭」は、高島氏によると「グニャグニャとした小さい感じ」の「チビ」を意味するという。「夷」で「倭」は二重の差別語である。また、旺文社『漢和辞典』や大修館『漢語林』によると、「倭」は、従順でなよなよした女性の感じであるとされている。

3世紀の日本について書かれた歴書『三国志』の中の『魏志倭人伝』では、「倭《わ》」の「奴《な》」の国とか、対馬の長官に対して「卑狗《ひこ》」(チビ犬の意)と命名されており、「倭」の女王も「卑弥呼《ひみこ》」という品性が劣る意味の文字「卑」があてられている。また、『後漢書』には「倭奴《わど》国王」とも書かれている。しかし〝下等なチビで賎しい〟などという意味は、当時の日本人にはわからなかったようである。

『世界大百科辞典』(平凡社)によると、有史以来日本人は自国を「ヤマト」と呼び、漢字の輸入にともない「夜麻登」「椰磨等」などと表記されていたが、中国人が日本を指して「倭」といっているのを知り、この字を使って「倭」(ヤマト)と称するようになった。しかし、聖徳太子の頃から国名に限って日本(ニホン、ニッポン)と表記し、「倭」は奈良地方に限られたという。

また、『大辞林』や『広辞苑』によると、「やまと」は、もと「倭」と書いたが、元明天皇の時、国名に二字を用いることが定められ、「倭」に通じる「和《わ》」に大の字を冠して「大和」とか「大倭」と表記し、ヤマトと読んだ。以来、「大和」(ヤマト)は日本国の異称になったという。そして、チビの意の「倭」が、おだやかで仲よくするという意の「和」に変わったため「和」は一転して、「和服」「和歌」「和名」「和算」「和文」「英和辞典」など多くの複合語に使われた。

「支那」と「大和」の生い立ちにはこれだけの違いがある。

22

「環日本海」が「北東アジア地域」に変更される最近アジア事情

台湾総統演説「中共」が「中国」に

1996年5月に行われた台湾初の民主的総統選挙に勝利した李登輝氏の就任演説（5月20日）には、台湾近海での中国のミサイル演習で一挙に緊張が高まった、中国との関係をどうしていくのかをめぐって、世界中の関心が集まっていた。

李総統は、「台湾はすでに主権国家であり、独立路線を進む必要はないし、可能性もない」と述べ、独立路線は否定したが、すでに「一国二政府」の状態にあることも明確にした。また、「必要なら、中国大陸を訪問し、中共の最高指導者と会い、直接意見を交換したい。台湾は民主化を達成した。台湾でできることは中国大陸でもできる。同胞の生活の改善を支援し、中華民族の繁栄と発展に努めたい」と述べた。

この日、NHKテレビは昼のニュースで、この李演説の一部を音入り字幕付きで放送したが、「中共の最高指導者」という部分の字幕は「中国の最高指導者」と直されていた。

日本新聞協会の申し合せでは、中華人民共和国の略称は「中国」であり、中国共産党の略称「中共」と間違えないこと、また台湾については「中華民国」や「国府」「台湾政府」は使わず、たんに「台湾」ないしは「台湾当局」とする、となっている。つまり、台湾は国ではなく地域として数え、たとえば韓国、シンガポール、台湾は「三ヵ国」ではなく「二ヵ国一地域」とする、としている。

NHKはこれを教条主義的に当てはめて、「中共」ではまずいとして言い換えたため、李総統が「中国」の指導者をどう呼んだかの事実報道にはなっていなかった。幸い、李演説の内容は前日に発表され、当日の各新聞の朝刊に載った。そして、この部分は「中共（中国）」となっていた。この李演説に対して銭外相ら中国側は、「彼は大陸の改革、開放や経済の発展、高い国際的地位に目をつぶっている」と、暗に台湾に指導される必要はないという〝本家〟の強い反発を示した。

「中台」は「海峡両岸」？

ところで、これより先、中国政府は4月に台湾問題に関連した「統一用語集」をまとめ、国内各メディアに通知した。これは、台湾独立を助長するような表現を極力なくすため、中国共産党台湾弁公室と宣伝部がまとめたもので、「大陸」は「中国」または「中華人民共和国」とはっきり書くこと、「中台」などという表現は避け、「海峡両岸」とすることなどが通達されている（朝日新聞96年5月15日）。

また、国際的な場での台湾の呼称は、「中国台湾」か「中国台北」とし、特にスポーツでは台湾側が「中華台北」を使っても、中国側は「中国台北」を使うとしている。そして、台湾側の官庁や職名で中国とか国立、政府など独立国家を意味するような名称にはヒゲカッコ（〝〟）の引用符を付けることを義務づけている。

しかし、「両岸関係」などということばは中国国内では通用しても、外の国では無理だ。日本のメディアは「中台関係」と報じている。台湾の「一国二政府」の立場か、台湾をあくまで国内問題とする中国の「一国二制度」かをめぐっては、今後さまざまな展開が予想されるが、日本のメディアがどういう表現でこの問題を伝えるかも注目される。

「東シナ海」波高し

ところで中国は、日本に対し「シナ」だけではなく、国際海域名の「東シナ海」「南シナ海」についても、かねてから改称を要求している。中国ではそれぞれ「東海《ドンハイ》」「南海《ナンハイ》」と呼んでいるが、たとえば東シナ海は「東中国海」とすべきだというのである。

日本の国土地理院や外務省は、国際水路機関（ＩＨＯ）の認定呼称を根拠に、この要求に応じていない。英語の「イースト・チャイナ・シー」の直訳としての「東シナ海」を、マスメディアも使っている。言い換えるにしても「東中国海」か「中国東海」か、それとも「中華東海」か、いろいろな名称が考えられる。

また「南シナ海」では、海底油田をめぐってスプラトリー諸島の領有権問題がもめている。英語ではスプラトリー（スプラットはニシン属の小魚）だが、中国では「南沙《ナンシャー》諸島」と呼ぶ。地図でみればフィリピンのパラワン島に最も近く、マレーシア、ブルネイ、ベトナムも同じくらいの距離にあたり、中国からはむしろ遠い。この海域の石油採掘権をめぐっては、主に中国とベトナム、フィリピンが争っている。

この島々は、その昔フランスと日本が領有権を争った結果、１９３９年に日本が当時の植民地・台湾へ編入したいきさつがあり、台湾も領有権を主張している。六ヵ国の権益がからんだ複雑な島だ。日本のメディアでは「スプラトリー（南沙）諸島」と呼ぶケースが多い。

ちなみにベトナムでは、「南シナ海」を「東海」と呼び、スプラトリー諸島については、「南沙」をベトナム読みして「チオン・サ」と呼んでいる。

「日本海」か「朝鮮海」か

ところが、韓国で「東海」といえば、日本海のことである。韓国政府は日本に対し、「日本海」呼称の再検討を要請してきている。

韓国・慶北大の金泳鎬《キムヨンホ》教授によると、『日本海』が定着するのは、日本の日露戦争勝利の前後からで、1920年代のIHOの会議で公式に決まったが、当時、韓国は植民地で、異論を唱える機会はなかった」という（朝日新聞95年4月11日）。

日本でいう「東海」とは、京都からみて東の伊勢湾あたり。遠いその先は遠江《とおとうみ》であり、近くは近江《おうみ》（琵琶湖）であった。四方を海に囲まれていながら、日本人には太平洋や日本海を総称するような発想はなかった。黒船がやってきたのは、〝大海原のかなた〟からであった。だいたい「太平洋」の呼称自体、1520年ポルトガルのマジェランが南米最南端を回る大航海の際、一一〇日間にわたって比較的おだやかな航海だったのでエル・マール・パシフィコ（平和の海＝太平洋）と名付けたのが始まりである。

金教授によると、東洋には外海に特定の名を付ける習慣はなく、西欧列強の命名によるもので、教授が調べた16世紀から19世紀までの地図の六割までが日本海を「朝鮮海」と表記しているという。また、江戸時代の日本の古地図でも「朝鮮海」のほうが多く、高橋景保の「新訂万国全図」（1810年）にも「朝鮮海」とある。

こうした事情から、91年に国連加盟した韓国は、92年6月に開かれた国連地名標準化会議で「日本海呼称の見直し」を提起した。しかし、日本の外務省としては、国際的に認められている「日本海」を改称することは、「東シナ海」を「東中国海」に換えるのとは大違いで、直ちに国民感情に火がつくおそれがあるため、そっとしておきたいというのが本音のようだ。

「日本海」の呼称をめぐっては、すでにトラブルが相次いでいる。

94年8月30日に開催された日本、韓国、中国、ロシアによる「北東アジア地域水産国際フォーラム」（兵庫県主催）は、当初「環日本海……」の名称だったが、韓国側の抗議を受けて「北東アジア地域……」と変更された（読売新聞94年8月23日）。同記事によると、93年10月松江市で開催された「北東アジア地域自治体会議」も、当初は「環日本海……」の名称だったという。

また94年10月、文部省の第六回全国生涯学習フェスティバルの協賛事業として富山県で開かれた「東アジア交流フェスティバル'94」も、当初は「環日本海交流……」の名称で企画されたが、韓国大使館から「日本海の呼称は韓国では公式に認められない」との変更要請があり、「東アジア交流……」に改められた。

前記の金教授は、解決策として、「平和海」「青海」などの第三の呼称を提案しているが、両国が討議に入るためには、まず二〇〇カイリ線引き交渉と竹島（韓国名「独島」）問題が平和的に処理される必要がある。

「英仏海峡」も欧州を二分

海域名をめぐる対立は「シナ海」や「日本海」にとどまらず、世界的な現象だ。たとえば英仏海峡をめぐる英仏両国の対立、バルト海に対してドイツが「東海」（オストゼー）を主張している件、アラブ諸国が「ペルシャ湾」を「アラビア湾」と改名するよう要求している件など、さまざまである。

こうした問題を解決するヒントになるのは「ユーロ・トンネル」のケースだろう。94年5月6日、エリザベス女王とミッテラン大統領が出席して開通式典が行われた「ユーロ・トンネル」は、ナポレオンが夢を抱いてから実現までに二世紀を費した。

英仏両国は犬猿の仲にあり、海峡名をめぐっても全体呼称では「イングリッシュ・チャンネル」対「ラ・マンシュ」、狭い地域名でも「ドーバー海峡」対「カレー海峡」と、別々の呼称を使ってきている。

日本では「英仏海峡」でも、欧州諸国の間ではそう簡単に割り切れない。ドイツ、スペイン、イタリアなどは大陸の一員であるフランス側の呼称「ラ・マンシュ」を採用してきた。「ラ・マンシュ」とは、映画『シェルブールの雨傘』や、最近では日本の再処理済みプルトニウムの積み出し港として知られるシェルブールのあるマンシュ県、その県名から名付けられた。フランス語の女性名詞「マンシュ」(Manche) には、袖とか海峡という意味がある。したがって「ラ・マンシュ」は英語の「ザ・チャンネル」にも当たる。

ちなみに、ドイツ語ではDer Kanal (デア・カナル＝ザ・チャンネル) とDer Ärmelkanal (デア・エルメルカナル＝袖海峡) の二つのいい方があり、スペイン語ではCanal de la Mancha (カナル・デ・ラ・マンチャ＝マンチャ海峡) と呼ばれている。スペイン語の「ラ・マンチャ」は、もともとセルバンテスの『ドン・キホーテ』の舞台となったトレド南方のラ・マンチャ地方のこと。やや紛らわしいが、この場合はフランス語「ラ・マンシュ」がそのままスペイン語化したものである。

さて、問題の英仏両国を結ぶ海底トンネルだが、ヨーロッパ統合を象徴して「ユーロ・トンネル」と命名された。正式名称は英語でThe Anglo-French Channel Undersea Tunnel (英仏海峡海底トンネル) だった。ついに「イングリッシュ・チャンネル」でも「ラ・マンシュ」でもなく、われわれが使ってきた英仏海峡が採用されたのである。しかし、両国とも英仏海峡については、今もそれぞれの伝統的表現を使っている。

フランスは、このほかスペインとの間にある「ビスケー湾」についても、「ガスコーニュ湾」と呼ぶよう主張している。英語表記のビスケー湾は、スペインのバスク地方の「ビスカヤ州」からとった名称なのだが、これはフランス側からみると、ピレネー山脈とボルドーのあるガロンヌ川にはさまれた「ガスコーニュ地方」の湾ということになる。ここでも呼称の争いと同時に、漁業権をめぐって両国の漁民が時折衝突を起こしている。

解決へ第三の名称も

さて、命名時の事情はどうであれ、一般的には、長い間使われてきた名称を変更するのは至難のわざだ。このことに関連して、二つの話を紹介したい。

まず「黒海」や「紅海」について。いずれも水の色が黒かったり赤かったりしたから命名されたのではない。トルコからみて黒海は北、紅海は南、白海（トルコでは、地中海を「白海」と呼んでいる）は西にあたることから、方角と色を結びつけた世界共通の考え方に従って命名されたのだという（服部英二者『文明の交差点で考える』講談社新書）。

日本でも、四方を司る天の「四神」の考えが中国から朝鮮経由で伝わっている。東の守護神は「青龍《せいりゅう》」南は「朱雀《すざく》」（赤い鳥）、西は「白虎《びゃっこ》」、北は「玄武《げんぶ》」（黒い亀と蛇）。そして、それは青春、朱夏、白秋、玄冬という北半球の季節の異名につながっている。ちなみに玄武岩は、黒っぽい火山岩で、兵庫県の玄武洞に由来する。

ところで、トルコのすぐ東には海がなかった。そのため、「青海」の名は使われずに今日に至っている。「日本海」の呼称を変えるには、金教授のいうように「青海」とするのが正解かもしれない。

もうひとつは、明治初年の廃藩置県について。明治4年（1871年）の廃藩置県に際して、各地で新しい県名をめぐって大騒ぎになったが、いずれの場合も藩名を残すことなく、争いにならない地域名を選んで妥協を成立させた。

たとえば尾張藩と三河藩についてみると、まず明治4年に尾張は名古屋県、三河は豊川と岡崎の二つの有力都市の間にある額田《ぬかだ》地方の名をとって額田県とした。翌5年には、名古屋の東方にある愛知の地名を採用し、二県を合併して新たに愛知県としたのである。愛知、額田は郡名として今も残っている。また、戦後でも、門司、小倉、八幡、戸畑、若松の各市を北九州市という全く新しい都市名で合併、一〇〇万都市を作った例などがある。

つまり、「日本海」とか「朝鮮海」などの古くからの名にこだわらず、双方で一致できる新しい呼称をさがすのが早道ということになるのではないか。

23 揺れる「アイヌ」表記から「エスキモー」まで

「アイヌ」をめぐって

「朝鮮」関連の表現について「バカチョン」「チョンガー」などの事例も含めて紹介してきたが、「アイヌ」や「エスキモー」などの先住民をめぐる表現についても、事例をもとに検証してみよう。

94月1月1日夜の日本テレビ『ビートたけしのお笑いウルトラクイズ』で、金粉半裸の男たちが下半身にペニスを思わせる突起物を付け、「イヨマンテの夜」の曲に合わせて踊る怪しげなシーンがあり、アイヌ民族の団体から厳重抗議を受けた。「イヨマンテ」は、クマの霊魂を神の国に送り返すアイヌ民族固有の神聖な儀式であり、それをことさら珍奇な扮装と踊りで歪曲したのは、民族への公然たる侮辱である、というもの。

日本テレビは同月14日、抗議した「レラの会」など三団体に「結果として心情を傷つけてしまった」と謝罪。さらに社内研修会でアイヌ民族の歴史などを学び、次回の『たけしのウルトラクイズ』（94年4月）の中で謝罪の意を明らかにする、と文書で伝えた。

この事件に先立つ93年10月、倉本聰氏の著作がアイヌ団体から追及を受けたことが大きく報じられた。倉本氏のエッセー『北の人名録』（82年新潮社初版）の中に、くん製作りに関連して「獲物が何日もとれないとアイヌ犬を殺して食べたわけです。つまりアイヌ犬は食用でもあったわけです――」と書かれていたことに対し、北海道ウタリ協会の小川理事が抗議した。小川氏によると、アイヌ民族にとって犬は大切な家畜であり、間違っても殺して食べる風習はない。さらに「アイヌ犬」というのも差別表現であるという。

この問題については、すでに90年秋に抗議が行われており、その際、増刷分からの削除を約束しておきながら、倉本氏側は放置していた（毎日新聞93年11月26日付）。結局、倉本氏が、「まったくの無知から、アイヌ民族の方々を傷つけてしまった」と謝罪、新潮社は同書の回収措置をとった。

94年2月には、作家・長見義三氏の『アイヌの学校』（恒文社）の中に差別表現があるとして、ウタリ協会札幌支部から抗議されるという事件が起こっている。『アイヌの学校』は1942年に書かれ、アイヌの子どもたちが通う学校を舞台にアイヌ民族の日常を描いた作品。恒文社が93年10月に再刊した。差別を意図したものではないが、作品中に「鬼の子でもなく、猿の子でもなく、アイヌの子であった」「どうも土人は手癖が悪うございまして」などの問題表現が数多く含まれていたという。恒文社は同書の回収、出版停止の措置をとるとともに、これを絶版にした。

「アイヌ」の表記をめぐって、マスコミの間で混乱が見られた。共同通信社を例にとると、90年3月発行の『記者ハンドブック』第6版（市販、93年4月第7刷）では、「アイヌ人はアイヌとする」となっており、その理由について次のように述べている。

〈アイヌは人間の意。「アイヌの人たち」「アイヌ民族」「アイヌ系住民」などの重複表現は避ける。ただし少数民族の意味で「アイヌ民族」は使ってもよい。〉

ところが、同社の部内用の『記事基準集』93年版（93年4月）では、次のように変わっている。〈先住民族としての位置づけを明確にするため、原則として原稿の初出に「アイヌ民族」と表記する。これまでアイヌ人は「人間」という意味なので「アイヌ」と表記していたが、アイヌ民族の一部に「アイヌは呼び捨て」との批判があるため、それを配慮して原稿の書出しは「アイヌ民族」と書く〉

〝重複表現〟とされた「アイヌ民族」が、当事者の要請や日本政府の態度変更によって正式な呼称となったものである。日本政府は従来、「国連人権規約に規定する意味の少数民族は日本に存在しない」としてきたが、国際先住民年（93年）を前にした91年になって、「アイヌ民族は人権規約にいう少数民族である」と認めた。これ以降、新聞、通信、放送のメディアは「アイヌ民族」を使うようになった。

ちなみに、ウタリ協会の「ウタリ」はアイヌ語で集落、同胞の意。「アイヌ系」という語は「シャモ（和人）への同化を肯定した表現」とされている。また、「アイヌ犬」は「北海道犬」といいかえられている。

しかし、93年11月に出た歴史研究書『エミシとは何か――古代東アジアと北方日本』(角川選書、中西進編）では、「アイヌ」ないしは「アイヌ系」という表現が使われており、「アイヌ」をめぐる表現が確定するまでには、なお論議が必要と思われる。

同書によると、最近の研究では日本人は、東南アジア系と東北アジア系の二つのモンゴロイドで形成されているというのが定説で、アイヌ系は沖縄系と同じ南方系モンゴロイドに属し、縄文時代にはアイヌも和人も一つのグループだったという。弥生時代になって東北アジアから北方系が渡来し、西日本中心に定着したというのである。

「酋長」は侮蔑的表現か

92年2月23日の関西テレビのドキュメンタリー番組『老しゅう長ガアヤンの伝説』に対し、朝日新聞大阪本社を通じて、「酋長」は差別語ではないかという苦情が寄せられた。ガアヤン氏はミクロネシアのヤップ島に住む現地住民最高のリーダーで、86年にはヤップ島から小笠原まで一ヵ月かけて昔の帆走カヌーを走らせたりして、話題になった人である。

朝日新聞は86年当時、「ひと」欄で同氏を「元総酋長」と紹介したし、今回92年の放送についても、2月初めの夕刊コラムで紹介した。こうしたいきさつから、朝日新聞に問い合わせがあったのだが、関西テレビ側は次のような理由をあげ、差別ではないと答えた。

①ヤップでは、日本の統治時代に使われた日本語にたんのうな島民がたくさんいて、自分たちのリーダーを「しゅう長」と呼んでいる。②島には行政機関もあるが、昔からの「しゅう長会議」が行政を仕切っている。③ガアヤン氏も自らを「しゅう長」と称し、「総しゅう長」として島を統治していた。④したがって、人々の尊敬と人望を集めるガアヤン氏に最もふさわしい表現は「老しゅう長」である。

ところで朝日新聞では、91年以前はアメリカ・インディアンなどについても「酋長」の表現を使っていたが、91年8月26日の同紙「論壇」で、国立民族学博物館助教授の清水昭俊氏が「いまどき『酋長』表現は不適切」と題し、フィジーやミクロネシア関連の記事で、「酋長」という語が使われているが、侮蔑の語感があるので「首長」にしようというのが文化人類学会の定説であると主張した。

このあとの朝日新聞の記事では、92年1月20日の夕刊で「アメリカインディアン最古の『酋長の写真』発見」と伝えた記事が、一週後に「首長」の誤りでしたという訂正をされたり、92年9月29日にガアヤン氏の孫娘の日本留学中を伝えた際も、「ガアヤン元総首長」と表現を変えている。この背景としては、93年の国際先住民年をめざし、アイヌをはじめ先住民の運動が強化されたことがある。

同じような事件は、89年にも起こっている。6月20日の『NHKスペシャル〜アマゾン燃ゆ』で、立花隆氏がアマゾン奥地の先住民族シャバンチ族を訪ね、その生活を紹介した際、「酋長」という語を十数回使用した。番組は、先住民の側に立って文明の側を批判したものだったが、アイヌ団体の北海道ウタリ協会（野村義一理事長）は「差別表現である」として立花氏やNHK、それに番組を紹介した新聞社に抗議した。

立花氏は「インディオ自らがポルトガル語で酋長を意味するカシキを使ったので、ベンジャミン酋長と呼びかけたのだ」と述べ、差別助長の抗議に対し、〝怒り〟を表明した。しかし、NHK側は「用語に関して認識不足だった」と低姿勢の対応を示した。

ちなみに、93年12月、写真家・新正卓氏が五年をかけてアメリカ・インディアンの現在を撮影した写真集は「酋長の系譜」と題して講談社から出されている。

エスキモーは放送禁句？

93年1月、朝日放送は、「エスキモー」という差別用語が使われているとして東洋紡グループのラジオCMを放送を拒絶した。このCMでは、「エスキモーは、私たちが白としか表現できない雪の色を数十通りのことばで言い表わす」とあり、まったく差別性は感じられないが、局側は「エスキモー」自体が民族差別用語だとした。

93年4月に出された読売新聞社の用語集『差別表現・不快語・注意語要覧』によると、「エスキモー」は文脈によっては使わないほうがよい「Cランク」に指定されている。

そして、言い換えは「イヌイット」で、〈カナダでの公式名称で「人間」の意味。エスキモーはインディアンのことばで「生肉を食う人」の意味〉と注釈がつけられている。

また、テレビ朝日の『用語についての研究資料』(92年12月)によれば、イヌイットと言い換えるのが望ましいとしながら、「イヌイットは代表的な部族名であり、カナダ・エスキモーの中には従来通り『エスキモー』の方を好む人もある。またシベリア・エスキモーは自らを『キューピック』と呼んでいる」と述べている。

一方、アメリカ政府は公式文書で「ネイティブ・アラスカン」という表現を使っているといわれ、アンカレジでは「エスキモーと呼ばれてとくに気を悪くすることもない」と共同通信社の調査では述べている。

従って、朝日放送のように「エスキモーは絶対的差別語」であるかのように扱うのも極端すぎる。

民族の名称は、最終的にはその民族が決めるものだが、「エスキモー」のように地域(カナダ、アラスカ、シベリア)によって呼称がバラバラな場合、それを総合することばとして、昔から使われている語を使っても、統一呼称が確立するまでの過渡期には、それなりの寛容的態度が必要といえる。

マスコミ各社は現在、「イヌイット」を採用する傾向にあるが、その背景としては、文部省が教科書検定で92年から「イヌイット」に統一するよう指導しているという官制主導の事情もある。

24

「雅子さんま」もとびだした敬語、敬語の皇室報道

外国人が日本語を学ぶうえでいちばん難しいのは、「敬語」だという。日本人なら、とっさに相手に対してどんなことばを使うか判断できるが、彼らにはそういう習慣があまりない。

その日本語も、最近は若い人のことばの「乱れ」が指摘され、一方では敬語・丁寧語の乱用をやめる方向にある。しかし、こうした中で、もう何十年も変わらないのが、最大級の敬語「皇室用語」である。差別用語の一方の極にある皇室への敬語が、皇太子婚約から結婚へという一連の皇室報道の中で、どう扱われたのかを振り返ってみよう。

テレビはまたも横並び特番

皇太子の結婚式にともなう93年6月9日の臨時休日は、大雨で多くの人が家に閉じ込められたこともあって、テレビの結婚・パレード中継の総視聴率は74・5％に達した。

昭和天皇死去の際と違い、歌舞音曲やＣＭの自粛の必要はなかったにもかかわらず、ＮＨＫ教育や独立ＵＨＦ

局を除く全テレビ局が、ほぼ同じ映像を使い、結婚の儀やパレードを中継した。各局合わせて五九時間の特番が組まれ、皇室の最大キャンペーンとなった。

結婚式ではいやなことは口にしない、野暮なことは言わない、という日本人の国民性を反映してか、テレビは〝慶祝一色〟に包まれ、ゲスト出演者たちは雅子妃のお色直しを口々にほめたたえた。

チャールズ英国皇太子とダイアナ妃の結婚当日のイギリスのテレビでは、朝から晩まで特番という大騒ぎはなかった。朝日新聞の夕刊コラム「窓」は、「テレビの熱の入れようが度を過していると思われるのも、芸能ニュースと同じ扱いだからだろう」と批評した（93・6・14）。

アメリカの週刊誌『ニューズウイーク』（6月24日号）は、「バーチャル・リアリティー・ウェディング」（仮想現実の結婚式）と題し、〈皇室の婚礼に関して誰も彼もがきれいごとを並べる状況は、欧米の基準に照らせば明らかに異質である。どうやら日本という国は、「和」や「団結」のためならば現実と非現実を入れ替えることもいとわないらしい〉と書いた。

徹夜の張り番などの気違いじみた〝追っ掛け〟はやっても、天皇にまつわる問題点は追及しない、肝心なことは伝えない、そんな日本のマスコミの皇室報道への批判である。宮内庁への翼賛体制などについてはのちに触れるとして、「慶祝」というより〝恐縮〟しきりの番組の中で、敬語の扱いはいったいどうなっていたのか。

事前に『用語ハンドブック』片手にレポーターやアナウンサーの研修やリハーサルがあったものの、いざ本番では、たった数分間の〝晴れの舞台〟を意識してか、アナウンサーの中には、「皇太子ご夫妻のお乗りになったお車はいま……」と二重三重の敬語を乱発する者もいた。

また、結婚式当日、理由も言わずに「いまこの時点から〈さま〉とお呼びしなければなりません」と上ずった声で話すアナがいたかと思うと、なかには、「さん」と言いかけて「さま」を思い出し、「雅子さんま」と様にならない実況も聞かれた。

三四年前（１９５９年）の、現在の天皇と美智子妃の結婚パレードでは、当時のラジオ東京ＴＶ（現ＴＢＳ）の実況を担当した吉村光夫アナが「皇太子明仁さん、皇太子妃殿下美智子さん」とやり、物議をかもした。吉村アナは、「何か〈さま〉は堅苦しいので、親しみを込めて〈さん〉づけにしました。よくやったという人と、頭がおかしいんじゃないかという両方がありました。あの頃は皇室が近く感じられたが、いまは離れていってしまったみたい」と話している（93年6月11日ＴＢＳ『報道メディアスペシャル』）。

ちなみにその日、ラジオ東京ＴＶのスタジオでは、高峰秀子と徳川夢声の両氏が特別番組に出演していたが、結婚の儀が終わったあとも、二人は「美智子さん」で通した。

美智子さんをよく知るゲストの竹山謙三郎氏が、「皇太子さんは〝殿下〟とよばれるとキゲンが悪いので、美智子さんは適当に愛称を考えているようですね」と述べると、夢声氏は「〝あなた〟ではいけないのかな」と受けたりしている。そして、高峰氏はまとめとして、「美智子さんに、ユーモアがおありになるのはよいですね。これからの皇室を明るくするわね」とごく普通の日本語で話している（『女性自身』59・4・24号）。

朝刊は「さん」、夕刊は「さま」

さて、今回はテレビだけでなく、新聞も含めて6月9日から一斉に〝様変わり〟を示した。その変わりようを、6月25日付『ジャーナリスト』（日本ジャーナリスト会議機関紙）で、島田三喜雄氏は次のように論評した。

〈皇太子結婚の6月9日朝刊から同日夕刊へかけて、見出しを含めて「雅子さん」が一斉に「雅子さま」へ見事な右へならえだった。美智子妃のときは「美智子さん」の見出しがいくつか登場したという（東京10日朝刊）。

同紙9日夕刊に「『さま』の重圧は大変」という作家荻野アンナさんの談話。彼女は「さま」について「許してくだせえ、お代官様」といったギャグや「田村正和サマ」のようなスターに使う場合を除けば皇室だけのような気がすると言い、「サマになるなあ、と喜んでいられるのは外野の特権で、そのような特殊かつ唯一の絶対空前絶後の結婚に臨む人のプレッシャーたるや大変なものだろう」と、同情しつつ、真意はマスコミ批判と読めた〉

朝日新聞は、結婚式の三日前（6月6日）の社説「『さん』が『さま』になる日」で、〈妃殿下だけを「さん」にするのは差別したようでかえって奇妙であり、といって「天皇さん」や「皇太子さん」は語感的になじめない。統一するとすれば現状ではやはり「さま」しかない〉と書いた。そして、日々の報道にあたり「まずは『皇室は敬語』といった条件反射的な思考を改めることから始める必要がある」と〝自戒〟を込めて書いている。

朝日新聞は93年4月から連載企画「皇室報道」を始めたが、そのなかでも「敬語」の問題点や皇室報道そのものの もつ問題点について、反省を込めて伝えている。

93年6月23日の同シリーズでは、昭和天皇の死去を伝えた89年1月7日の各新聞が「崩御」という特別用語を使ったことに触れ、朝日社内でも「ご逝去」にしたほうがいいのではないかという意見が出たが、結局、他社の動向、前例を考え、「崩御以外でなければならないという積極的理由がない、と判断した」と、歯切れの悪い結論に落ち着いたこと、その一方で、沖縄の二紙と長崎新聞など地方紙五紙が、共同通信の「崩御」の配信を「ご逝去」に書き変えたことを伝えている。

「崩御」については、93年6月30日に文部省が発表した94年高校教科書の検定結果の中で、「昭和天皇がなくなり、年号は、昭和から平成へと変わった」というある教科書の記述が、「天皇については日本国及び日本国民統合の象徴という地位に配慮した表現にしてほしい」という検定意見により、「昭和天皇が崩御し」と書き変えられたことが明らかになっている。

朝日新聞の「皇室報道シリーズ」は、このほかに7月13日から三日間、敬語問題をとり上げたが、7月15日の「敬語の『今後』を問う試み徐々に」のなかで、元共同通信編集主幹の原寿雄氏の意見を紹介している。

原氏はそのなかで、「敬語を使うのは一般記事に比べて不平等で、客観報道の原則にも反する。敬語は使うべきでない」と主張し、敬語なしでの抵抗感も、結局は「慣れ」の問題ではないかと述べている。

普通のことばの範囲内で最大級敬語を

ところで、「敬語」そのものについては、早くも敗戦後七年目の1952年の国語審議会で、現行のような形が建議されている。

その基本方針（要旨）では、

▽煩雑な敬語の平明・簡素化。

▽従来の上下関係中心から、これからは、各人の基本的人権を尊重する相互尊敬に改める。

▽不当に高い尊敬語や低い謙そん語はいましめる。具体的には、

・人称の基本は「わたし」と「あなた」にする。

・敬称は「さん」を標準とし、「さま（様）」は、あらたまった場合の形、また慣用語に見られるが、主として手紙のあて名に使う。

・「お」や「ご」はなるべく整理、限定して使用する。

・対話の基調は「です・ます」体。
・動詞の敬語は「れる・られる」が将来的方向であり、「お――になる」もあるが「お――になられる」は過剰敬語である。「あそばせことば」はすたれる方向。

▽皇室用語については「これからは普通のことばの範囲内で最大級の敬語を使う」ということに、1947年8月（昭22）、宮内庁当局と報道機関の間で基本的了解が成立している。たとえば、「玉体・聖体」は「おからだ」、「叡慮《えい》」は「おぼしめし」などであり、その後、国会開会式の「勅語」は「おことば」、「朕」は「わたくし」などとなった。

外国の王室には敬語不用

放送局や新聞・通信社の「用語ハンドブック」の敬語の基本は、ほぼこの国語審議会の建議がもとになっているが、「皇室用語」については、宮内庁と記者会の間のその都度の取り決めに従っている。

共同通信の『記者ハンドブック』では、56年の初版では、簡潔に二ページだったが、その後、ミッチーブームなど皇室記事の増大にともない、あれこれ混乱するケースが出たため、73年の改訂新版では一挙に具体例を増やし、一八ページにしている。90年改訂第六版では、ほぼ同じ中味だが、整理されて九ページになっている。

問題の「敬称」については、次のようになっている。

・天皇――天皇陛下。天皇さまは使わない。
・皇后――皇后陛下、皇后さま。
・皇太子――皇太子殿下、皇太子さま（殿下はなるべく使わない。公式には皇太子徳仁親王殿下）。

・皇太子妃――皇太子妃○○さま、○○さま（皇太子妃殿下はなるべく使わない）。皇太子さまご夫妻とせず、皇太子ご夫妻とする。

・礼宮・紀宮――礼宮さま、紀宮さま。

・宮さま・宮妃――○○宮殿下、○○宮さま、○○宮妃殿下、○○宮○○子さま。

また、外国人の王室については原則として敬語は使わない、ただし、国賓として天皇や皇族と会見したり、行動をともにする場合は、皇室並みの敬語を使うとなっている。

こうなると、皇室用語は、日本の皇室だけに対する、しかも天皇を極立たせた特殊な敬語体系であることがわかる。

知らぬは日本人だけか

ところで、日本のマスコミが慶祝一色報道に終始しているなかで、海外、ことにアメリカでは、『ニューズウィーク』や『ニューヨーカー』などの雑誌に、日本国民が全く知らされていない皇太子の結婚に関する記事が掲載されていた。

93年5月27日の『週刊文春』が、「アメリカ一流誌の失礼千万な皇太子御成婚報道」とカムフラージュをかけたタイトルで、その実、さわりの部分をほとんど紹介したので、記憶している人も多いだろう。

「マサコの犠牲」と題した『ヴァニティー・フェア』誌93年6月号の記事で、エドワード・クライン氏は、弱気になっていた「マザコン」の皇太子に自分の気持ちを貫くようネジを巻いたのは美智子皇后であり、92年12月、皇后は雅子さんにじかに会って説得、宮中で予想されるイヤがらせに対しては「いかなる問題も決して起こさせません」

と個人的庇護を約束し、これが雅子さんの決心につながったと述べている。

そして、美智子皇后自身、〝平民出身をやっかむ皇族から絶え間ないイジメに会ったが、良子《ナガコ》皇太后もその一人だった。皇后は精神衰弱を病み、一時は失語症になったことは、日本人なら知らぬ者はない〟と書いている。

しかし、宮内庁記者はいざ知らず、うすうすおかしいなとは感じていても、日本国民はこの〝大奥物語〟について何も知らされていなかった。

5月24日号の週刊誌『ニューズウィーク』は、カバーストーリーで「不承不承のプリンセス」と題し、「世界の国々、ことにアメリカでは、小和田雅子の物語は〝おとぎ話〟ではなく、むしろ、〝痛々しい妥協の物語〟である」と書き、現皇后の受けた仕打ちや、皇后と雅子さんの約束話についても伝えている。しかし、日本語版『ニューズウィーク』は、同じ表紙写真を使いながら、タイトルは「プリンセス誕生」と自主規制した。

慶祝番組が一段落した6月11日、TBSは『報道メディアスペシャル』という二時間の特番で、内定から結婚までの一一五日間の各メディアの舞台裏秘話を公開した。

そこでは、宮内庁の要請による一ヵ月という長期の異常な「報道管制」がワシントン・ポスト紙の特ダネ報道で一挙に崩れたあとの、宮内庁相手のあの手この手の取材戦争の模様が、昔話も交えて生々しく伝えられている。また、雅子さんへの最初の代表インタビューに、「ひとことだけ」しか認めない宮内庁の横暴さとTBS氏家記者の機転、紀子さんが礼宮の髪を直す自然なシーンを撮影して宮内庁嘱託をクビになった中山カメラマンの証言、浩宮の写真を使い、どれが似合うかとヘア改造プランを特集して抗議を受けた『週刊文春』花田編集長の証言、すべてがオフレコ会見で記事にできない宮内庁記者クラブの異常さを語る朝日新聞の市川記者など、菊のカーテンの厚さ、菊タブーの深さをまざまざと見せてくれている。

かくして、宮内庁や右翼のイヤがらせでマスコミが沈黙しているために、憲法に「国民統合の象徴」と規定されていても、税金で支える私たち国民には、天皇家についての大事なことはほとんど知らされていない。今回の結婚式のあと、女性週刊誌や新聞が、雅子さんの今後の生活についての「Q&A」や「百問百答」を一斉に特集したが、そこでも内容は身辺の雑学知識にとどまっていて、皇室の戸籍簿である皇統譜への数々の疑問とか、実在が疑問視される神武天皇の陵墓への皇太子夫妻の参拝の是非など、それこそみんなが感じている素朴な疑問には、全く迫ってはいない。

前述の朝日新聞社説「『さん』が『さま』になる日」も、結びのなかで、「過剰な皇室敬語の下では、率直な皇室報道には限界がある。女性も天皇に即位してはどうか、退位制度の是非、宮内庁の規模やありかた、皇室財政の問題、陵墓の学術的公開など、皇室周辺には私たちの関心を呼ぶ問題がいくつもある。……そうした視点に立つ時、これまでの皇室報道は十分であったとはいえないのではないか」と書いている。

25 「放送禁止歌」が放送された日

「要注意歌謡曲」指定制度

99年5月22日（土曜）深夜、フジテレビの関東ローカル枠『NON・FIX』で『放送禁止歌〜唄っているのは誰？規制するのは誰？』と題したドキュメンタリー番組が放送された。これまで放送界の自己規制で放送不可と指定されてきたいわゆる「放送禁止歌」が、番組の中で次々と紹介され、業界関係者のドギモを抜いたのである。

タイトルがそのものズバリの『放送禁止歌』(71年、作詞白井道夫、作曲・歌山平和彦)をはじめ、『自衛隊に入ろう』(68年、作詞・歌高田渡、曲ピート・シガー)、『悲惨な戦い』(73年、作詞作曲・歌なぎらけんいち)、『イムジン河』(67年、原詞朴世永、訳詞松山猛、原曲高宗漢、編曲加藤和彦、歌フォーク・クルセダーズ)、『竹田の子守唄』(69年、作詞作曲・歌赤い鳥)などが含まれ、極め付けはテレビで初めて放送された『手紙』(69年、作詞作曲・歌岡林信康)だった。番組中で山平、高田、なざら氏らは自ら歌い、インタビューに応じていた。

『放送禁止歌』(歌詞別掲)は、まず「レコ倫」で四行目が自衛隊をからかっていると問題にされたため、「山平和彦　時節到来」と自分の名前を入れて何とか突破した。しかし、民放連の規制機関、放送音楽専門部会は〝挑戦的〟なタイトルの変更を要求し、キングレコード側が拒否したため「不適当な個所を変更すれば放送可」という事実上の〝放禁処分〟とされた。この歌の四文字熟語は、いまでも冴えている。

『放送禁止歌』（一番）

世界平和　支離滅裂
人命尊重　有名無実
定年退職　茫然自失
職業軍人　時節到来
皇室批判　人畜無害
被害妄想　言論統制
七転八倒　人生流転
七転八起　厚顔無恥
放送禁止　自主規制
奇妙奇天烈　摩訶不思議

『自衛隊に入ろう』は、「自衛隊に入ればこの世は天国／男の中の男はみんな自衛隊に入って花と散る」などの詞が問題とされた。

また『悲惨な戦い』は、大相撲の架空の一番「雷電ＶＳ若秩父」で若秩父のマワシが外れ、股間が見えてしまうというコミックソング。相撲協会とＮＨＫを茶化しているとして規制された。しかし、２０００年の夏場所七日目（5月13日）の三段目戦で83年ぶりの珍事が本当に起き、前みつの外れた朝ノ霧が反則負けとされている。

『イムジン河』は北朝鮮の名曲で、「北の大地から／南の空へ／飛び行く鳥よ／自由の使者よ／誰が祖国を／二つに分けてしまったの」などの詞が民族感情を刺激するおそれがあるとされた。

この歌には『リムジン江《ガン》』（68年、訳詩李錦玉、歌フォーク・シュリーク）という別詞の歌（……南の故郷へなぜ帰れぬ／リムジンの流れよ／答えておくれ）もあり、これも長いあいだ放送禁止だった。リムジン川（咸津江）は38度線をまたぎ、北から南へ流れている。

しかし、南北朝鮮の和解ムードを反映して、この歌が最近NHKで放送されたという。また、00年9月24日には韓国人歌手キム・ヨンジャさんが初めて北朝鮮の歌『リムジン江』を歌った（00年9月21日付朝日）。

『手紙』は部落差別を告発する内容のものだったが、レコ倫から発売禁止に指定され、のちにURCレコードから発売された。三番の歌詞は、「もしも差別がなかったら／好きな人とお店が持てた／部落に生れたそのことの／どこが悪いなにがちがう／暗い手紙になりました／だけど私は書きたかった」となっている。

番組では、岡林氏がいっさい取材を断ったため、ラストシーンの『手紙』は映像なし、歌詞の字幕もなし、ただレコードの音声のみという変則的な処置がとられた。

ともかく、放送界の恥部のひとつだった「放送禁止歌」（要注意指定歌謡曲）について、「何が、どうして」と〝内部告発〟的に情報開示したこの番組に敬意を表したい。フジテレビの英断もすばらしいと思う。

単行本『放送禁止歌』も出版

番組『放送禁止歌』のディレクターは局員でなく、フリーの森達也氏だった。森氏は、放送のあと、デーブ・スペクター氏の協力を得て、00年7月、単行本『放送禁止歌』を解放出版社から出版した。

この本の中で、森氏は「番組」制作についてのそもそもの企画から、テレビ局との調整、取材の苦労話など、かなりきわどい線までさらけ出し、「事実」を読者に提供している。スペクター氏は、アメリカでの放送歌やPC(ポリティカル・コレクトネス=政治的正義)の実情を語っている。この「本」で浮かび上がってきたのは、放送業界やレコード業界の専守防衛的な「自己規制」体質である。

解放出版社という部落解放同盟系の出版社からの刊行ということもあり、各被差別団体による70年代の糾弾のあらしと、それにおびえたマスメディアの過剰な反応という側面、時代背景についてはほとんど触れられていないが、それにしても、いまから見れば、何とコッケイなことがまかり通っていたものかと痛感させられる。

同書によれば、民放連音楽専門部会の「要注意歌謡曲」指定制度は、83年11月で終了していた。たとえ五年間有効という規定があっても87年には制度は消滅していたのである。ではなぜ、88年以降に「禁止歌」が復活することはなかったのか。その答えは簡単である。もはや「はやり歌」ではなかったからである。

みんなに親しまれた「ナツメロ」は禁止歌の中にはなかった。唯一に近い例外は『竹田の子守唄』である。

なぜ『竹田の子守唄』が

00年9月7日、NHK『スタジオ・パーク』後半の「坂田美子・薩摩琵琶ライブ」で、坂田氏が琵琶を奏でながらその『竹田の子守唄』を歌った。つまり、NHKでも、もはや禁止歌ではないという証明である。レコード界では、これより先、すでに95年から「赤い鳥」グループの復刻盤や他のグループによる新盤が出されていた。

では、『放送禁止歌』本をもとに、『竹田の子守唄』をめぐる動きを追ってみよう。

『竹田の子守唄』は、京都の被差別部落に昔から伝わる、子守り奉公の少女たちの悲しみや怒りを歌った民謡で、元唄の作詞者や作曲者は特定できていない。この名曲が全国に知れわたるようになったのは、グループ「赤い鳥」のリーダー後藤悦治郎氏がこの歌の存在を知り、曲をアレンジして69年にレコードを出し、大ヒットさせたことにある（69年『お父帰れや』のB面）。

それ以前のことは、はっきりしない点が多い。そもそも竹田地区で伝承の原曲を老女から採譜し、編曲したのは舞台音楽家の尾上和彦氏だという説や、部落解放同盟竹田深草地区の合唱団が歌っていたのを高石友也氏ら関西のフォーク歌手たちが聞いてライブ演奏に使い、それが「赤い鳥」へと伝わったなどの説がある。

「赤い鳥」のヒットのあと、多くの有名歌手がこの歌を歌い、たちまち日本の代表的な名曲になっていった。

『竹田の子守歌』（赤い鳥）

一、守りも嫌がる　盆から先にゃ
　　雪もちらつくし　子も泣くし
二、盆が来たとて　何うれしかろ
　　帷子《かたびら》はなし　帯はなし
三、この子よう泣く　守りをばいじる
　　守りも一日　やせるやら
四、早もゆきたや　この在所越えて
　　向こうに見えるは　親の家

しかし、後藤悦治郎氏は長い間、この歌は大分県竹田市で生まれたと勘違いしていたといわれ、部落の歌だったことはヒット後に知ったという。メディアも同じだった。折から70年代初期の差別糾弾闘争の激化が重なり、暗黙のうちに音楽家やレコード、放送業界の自己規制が始まった。そして、名曲は次第に歌われなくなり、聴けなくなっていったようである。

赤い鳥から紙ふうせんへ

「赤い鳥」が定着させた歌詞（四小節）は竹田地区の元唄（一五小節）とはかなり違う。元唄には、たとえば「盆が来たかて　正月が来たて／難儀な親もちゃうれしない／どしたいこりゃ　きこえたか」（一三小節）など、終わりにすべて「どしたいこりゃ　きこえたか」と背中の子に呼びかける詞が付いている。

また最後の小節は「早よもいにたい　あの在所こえて／向こうに見えるは親のうち／どしたいこりゃ　きこえたか」と、「この在所」が「あの在所」になっている。「在所」とは各辞書によれば「いなか」「ざい」「住んでいる所」などとあるが、京都では「部落」を指し、大阪ではむしろ「一般の地域」を指すといい、ややこしい。しかし、この「在所」が、メディアでは「部落」を指すとされ、放送禁止扱いへとつながっていったのである。

『竹田の子守唄』は前述の「要注意歌謡曲」一覧には掲載されなかったが、森氏が発掘したフジテレビの番組考査部資料（86年7月4日付）によると次のように記されていたという（同書85ページ）。

〈竹田の子守唄　同和がらみでOA不可。京都府　同和研でもOA不可。

解放同盟の見解によれば、唄の作られ唄われた理由、背景などをよく理解してくれればOA可とのことなれど、実際は理解することは不可能なので、現実的にはNO。

この四行の記述の下に、ぽつんと一行だけ、こんな走り書きがある。在所《ざいしょ》=未解放部落。〉

こうして、『竹田の子守唄』は広く親しまれながらも、一時、雲隠れ状態になった。

しかし、いいものはよみがえる。いまでは、「ソウル・フラワー・モノノケット・サミット」バンドによるCD『アジール・チンドン』(95年)、「ヒートウェイヴ」の『TOKYO CITYMAN』(97年)と『ノーウェアマン』、69年「赤い鳥」の復刻版『URCシングルズ2』(98年)で、『竹田の子守唄』は復活。

また、後藤悦治郎氏は「赤い鳥」解散後に結成したグループ「紙ふうせん」より00年5月、なんと『竹田の子守唄』の元唄を世に出している。

26

筒井康隆「断筆」闘争がメディアに問うたもの

てんかんに関する記述をめぐって1993年9月に「断筆」宣言を行い、以降三年余にわたって断筆をつづけていた作家の筒井康隆氏が、数社の出版社と「覚書」を交わし、97年1月からこれを解除した。筒井氏の断筆は、〝差別と表現〟をめぐり、日本の言論史上稀有な規模でさまざまな論議を巻き起こした。断筆はいったい何をもたらしたのか、改めて考えてみた。

著者の意に反した改変せず

筒井氏が三年三ヵ月ぶりに「断筆」を解除すると発表したのは、96年12月19日のことである。『文藝春秋』（97年2月号）の独占インタビューの手前もあって、本人の記者会見はなかった。筒井氏のマネージメントを担当している新神戸オリエンタル劇場側が、三つの出版社と交わした筒井氏の「覚書」（12月16日調印）を発表するという控え目な形をとったため、翌日の新聞報道は朝日、産経を除き、ごく短い扱いになった。筒井氏の『無人警察』の教科書化に抗議する日本てんかん協会の記者会見（93年7月）と、これを受けての筒井氏の「断筆」宣言

(93年9月)、で始まったさまざまなメディアを巻き込んでの大論議を考えると、あれっと思うほどの〝軟着陸〟だった。

96年12月に「覚書」を交わしたのは新潮社、文藝春秋、角川書店の三社。95年11月に新潮社がアプローチを開始し、一年後に実を結んだものという。筒井氏の要望にそって結ばれた覚書(別掲)の骨子は次のとおりである。

①出版社は従来どおり筒井氏の意に反した用語の改変は行わない。

②作品の用語に関し抗議があった場合、これに対処する権利と責任は著述者(筒井氏)にあり、出版社にも責任がある。したがって、出版社が用語に関し抗議を受けた場合、著述者と協議し、その意志を充分尊重して対処する。

③筒井氏が抗議に対処する上で、文書の往復や直接討論が必要になった場合は、出版社が責任をもって仲介し、その内容を発表する。

『文藝春秋』97年2月号の筒井氏インタビュー「断筆解除宣言」によれば、①項の「従来どおり」という文言は「出版社側がどうしても譲れないものとして主張したもので、そう書かないと、新聞社のように自主規制マニュアルで自動的に用語規制しているように思われるからだ」(筒井氏)と説明されている。

②項は、抗議への対処のルールを定めたもので、これまで出版社が間に立って勝手に問題を処理し、自主規制が進んでいったことから、「作家個人も責任をもって対処する」としたのが眼目だという。

また③項は、「文書や討論のやりとりを公開する」として、従来の密室的な処理をやめるとした点が新しい。この③項では、相手の抗議者を「当事者である個人または団体」に限定し、支援団体や第三者の抗議は受け付けない立場を間接的に表明している。

さらに「覚書」にはないが、筒井氏によれば、抗議に関連して「直接討論」になった場合は、密室ではなく「双方同数の当事者の出席で公開討論」ということが、出版社との間では了解されているという。

たとえば文藝春秋社では、過去に『週刊文春』(85年5月9日号)のコラム「ぴーぷる欄」で、筒井氏が「士農工商ＳＦ屋」と発言し部落解放同盟から抗議を受けたことがある。その時、筒井氏は「このことばは多種多様な業界で、しばしば自嘲的に用いられる成句であり、その限りにおいて部落差別の隠喩にもなり得ぬ表現である」と主張し、抗議をつっぱねたが、文春側は自己規制で「差別につながりかねない」と勝手に謝罪した。今回の「覚書」により、こんなケースでは、筒井氏が了承しない限り謝罪することはない。

てんかん協会「削除求めず」

筒井氏はこのあと、同じ覚書を中央公論や噂の真相とも交わした。『噂の真相』の連載開始は、この時点で未定だが、タイトルは『狂犬楼の逆襲』というエスカレートしたものになるという。ちなみに93年9月「断筆宣言」を同誌が掲載した頃の連載は、『笑犬楼よりの眺望』だった。『噂の真相』の岡留安則編集長からみれば「覚書じたいは、本誌にしてみれば、何の問題もなく、あらためてこんな契約を交わさなければならないところにメディア側の疲弊があるとしか思えない」(同誌97年3月号「編集長日誌」)ということになるのだろうが、文筆家と出版社が用語に関して文書による合意を行ったのは初めてであり、大いに評価できる。

出版社と覚書を交わした筒井氏は、それより二年前の94年11月7日、日本てんかん協会との間で書簡の往復による「合意」に漕ぎつけ、記者会見で内容を発表している。これも文筆家といわゆる被差別団体の間で、差別用語をめぐってきちんとした合意に達した初めてのケースだった。その骨子は次のようになっていた。
①将来の作品で問題があれば、協会は物理的な圧力を含まない公開の言論活動で「批判」をする。
②その場合、要求は削除や書き直しでなく「新たな表現による弁明」とし、結論は筒井氏の判断にまかせる。
③以上のことは筒井氏だけでなく、すべての表現者に適用される。
これまでは、被差別団体側が納得いくまで糾弾ないしは抗議をつづけ、「差別者」とされたメディアや文筆家、発言者は一方的に謝罪し、要求のいくつかを容れるという「硬直」した解決方法しかなかった。それだけに、筒井氏とてんかん協会が見解の相違を残しながらも、現実的な「すり合わせ」に知恵をしぼり、一致できる点で妥協に漕ぎつけた努力は高く評価できる。

しかし、このとき、糾弾を否定した点や最終的処理は作家側にまかせるとした点について、部落解放同盟の糾弾路線を支持する人びとは一斉に反発した。

貴重なペンクラブの活動

さて、筒井氏の「断筆」は、これまでにおびただしい意見、評論、見解、証言、討論、創作、特集、番組、イベント、研究、シンポジウム等々をもたらし、沈黙という爆弾を投げた本人もびっくりするほどの広がりをみせた。〝差別と表現〟をめぐり、これほどの「大論議」がすべてのマスメディアで長期にわたり集中的、持続的に行われたことはない。それは、メディアの中に〝差別と表現〟をめぐり語り尽くせないほどの不満が渦まいていたことの表れであり、「断筆」がこれに火を付けたのである。

物を持つ手は、どんなに不自然でも五本の指がみえる絵でなければならないという話など、メディアによる「自己規制」ないしは「内部検閲」の実際については、表現者の怨念を含め、膨大な証言が出された。なかでも、日本ペンクラブが活発な動きをみせた。作家、エッセイスト、脚本家などさまざまな文筆家の集まりであるペンクラブは、「断筆」の前からタブー表現と自主規制拡大についての対策を検討していて、アンケート調査（93年7月）のあと差別表現に関する研究会を五回（94年2月〜7月）開いたほか、94年10月には公開シンポジウムを開催、そして95年10月には『「差別表現」を考える』を刊行して三〇人以上の貴重な証言を掲載した。

アンケートでは、回答者の八割がメディアから何らかの規制を受けたことがあると答えている。そのメディアの自己規制は、もともとは被差別関連の運動団体、とりわけ、部落解放同盟による激しい糾弾に屈服したことから始まったものであったが、この〝流れ〟に具体的に触れたのは、『週刊文春』のキャンペーン（のちに単行本『徹底追及「ことば狩り」と差別』）くらいであった。

逆に、大半のメディアは解放同盟関係者を被差別者の代表の形でひんぱんに登場させ、その主張にスペースを提供するとともに、糾弾路線を批判する人々や解放同盟と対立する運動体を意図的に排除していった。たとえば、創出版の特集本『大論争』でも、五〇人を超す識者意見の中で、解同系の人たちは多数みられたが、部落問題研究所や全解連系の人たちの意見は皆無だった。

編集後記

本書は、メディア総合研究所発行の隔月刊誌『放送レポート』に、1992年7・8月号から2001年7・8月号まで、38回にわたって連載された『マスコミ界「差別用語」最前線』(用語問題取材班)を再構成してまとめたものです。用語問題取材班は、マスメディアの内部で生起する差別用語問題を長期にわたって取材し、メディアの恥部として闇に葬り去ろうとする力に抗して事件の経緯を掘り起こし、この問題のオープンな議論を求めて連載を続けてきたということです。難しい取材が続くなか、連載は断続的にならざるを得なかったということですが、終始一貫、執筆は江上茂氏が担当されました。

本書にまとめるにあたっては、連載時の放送レポート編集部の協力のもとに再構成し、連載の取捨選択と、その後の時間の経過にともなう必要な加筆をおこないました。

(花伝社　編集部)

江上茂さんのこと

亀井洋二

『放送レポート』に38回にわたって連載された「マスコミ界『差別用語』最前線」は「用語問題取材班」として、1992年に発行された『新・差別用語』は「山中央」として標記されているが、実体はいずれも江上茂さんの執筆によるものである。江上さんがどういう理由で実名としなかったのかは聞いたことはなかったが、推察するに、彼は1991年まで企業所属（テレビ東京）の社員であったこと、取材、執筆にあたり協力者がいたことなどを配慮したことと思われる。

今回初めて「江上茂」の名前が明らかになるに際し、彼の永年の友人として、彼の人となりと、「差別用語」に燃やした執念の源を探ってみることとする。

江上さんは1934年東京で生まれ、東京外語大学英米科を卒業後、ニッポン放送報道部を経て、1964年にテレビ東京（当時東京12チャンネル）報道部に移り、91年57歳で退職するまで、記者ディレクター、プロデューサー（後半はスポーツ局）として番組制作にかかわってきた。この間、所属労働組合の書記長を4年（66年〜70年）、民放労連役員を4年（70年〜74年）務めている。

彼の「用語」に対する関心は、テレビ東京報道部で、最初に「放送用語集」をつくっていることからもうかがえる。ラジオ、民放テレビ、新聞などからの寄せ集め集団であった報道部で、彼はニッポン放送で培ったものを基に自発的に執筆したものと思われる。

報道記者としての仕事ぶりでは、ニュース原稿執筆のこだわりで定評があったが、必ずしも評判のいいものではなかった。オンエアー時間ぎりぎりまで推敲を重ね、原稿に手をいれ、アナウンサーの下読みの時間を浸食していたからだ。また、デスクとして他人の原稿に手を入れ始めると、どうにも止まらないのだ。しばし、記者のプライドを傷つけ、もめごととなるのである。労働組合にあっても、ニュース原稿に原型をとどめないほど手を入れ、執筆者に「二度と書きたくない」といわしめるのである。

しかし、彼はどんな不評にも妥協しなかった。それは、自分は常に正しいといういわば確信犯的傲慢さにもよるが、こと文章とくに言葉に関し、彼は造詣が深く、相手を説得しきれるものを持っていたからである。それを裏付けていたのはなにごとにも、納得がいくまで調べるという日常不断の生き方にあった。彼の読書量はたいへんなものだった。

それは、趣味や遊びの分野でも同じであった。彼は東京外大でボート部に所属していて、スポーツにも一家言あり、テニス、スキーの腕前は、なかなかのものだった。テニスは、亡くなる直前までプレーし、「おばさんたちをやっつけた」と楽しそうにしていた。勝負事となると、負けん気を隠そうとしなかった。麻雀や将棋でも、相手がビギナーであっても、手を抜くことなく、完膚なきまでにやっつけてご満悦になるのだ。

「差別用語」とのかかわりは、民放労連の役員時代に始まったものであるが、彼の用語への造詣と、当時強められていた解放同盟による「言葉狩り」が背景としてある。『放送レポート』の連載は必ずしも順調に続いたとは思えない。テレビ局でいわゆる差別用語が発生すると、まず当該番組関係者、考査部、担当役員などで協議がはじまる。この段階ではことは内密にすすめられるが、江上さんの耳にはいるとややこしくなる。彼の執拗な取材が始まるからだ。もちろん彼の立場はいたずらに暴露すればいいということではないが、「言葉狩り」を恐れた自主規制、企業内の内部処理では問題は解決しないという主張をもっている。だから、この連載を維持するのに彼は苦しみの連続であったと思う。

私の経験でいうと、彼と何気ない会話の中で、「NHKの大河ドラマで〝片落ち〟という言葉を使っていたよ」といったところ、彼の眼は一瞬に輝いて、メモを始めた。本書冒頭にとりあげられている事件である。それからは、辞書で調べる、NHKに問い合わせる、過去の「忠臣蔵」の映画やドラマをチェックする、といった展開となったのである。私の場合、たまたま視聴者として気がついたことを話しただけだからいいのだが、番組制作や報道に関わっている人は、一般的に企業に対し守秘義務を負っているし、彼の取材は気の重いことであったろう。

彼は、亡くなる直前まで「差別用語事典」の完成をめざしてとりくんでいた。いわゆる差別用語ひとつをとりあげ、その発生の原点を求め、文献を何冊も読み漁っていた。それは、漱石や鷗外といった古典から、ときには外国語にまで及んでいた。彼は英米科出身だけれど、私の知る限り、スペイン語、韓国語なども相当勉強していた。締め切りは何度も破られ、共同作業者や出版社の編集者を困惑させていたことは想像に難くない。

江上さんの、差別用語問題での立場は、「差別は許されない」ということと「言論表現の自由は絶対に守らなければならない」ということとの調和ではなかったか。彼の著作『新・差別用語』（1992年刊、汐文社）のあとがきにはつぎのように記している。

「『差別する自由はない』ということばが、糾弾の〝殺し文句〟として使われているが、一方では『勝手に差別と決めつける自由もない』のである。」

最後に彼の死と病についてふれておこう。彼は1995年に虎ノ門病院で食道ガンの手術を受けた。この時、彼は執刀前に、食道ガンに関する本を3冊読んだといっていた。インフォームドコンセントがいわれていたとしても執刀医はたいへんだったろうと思う。術後数日経って見舞いに行くと、彼はベッドに腰掛けてゲラの校正をやっていた。退院後は順調に回復し、いわゆる「5年」も過ぎ、本人も周りも克服したと確信していた2003年1月6日突然他界した。食道を切除した際、代替に使った胃に潰瘍ができ、それが大動脈を直撃、大量の出血が命取りとなったのである。私は、このころ、「差別用語事典」で苦吟している彼の姿を見ていたから、そのストレスが潰瘍をつくったと想像している。だから、彼の未完の原稿を、夫人に断って持ち帰り、陽の目を見ることがあれば、役立てたいと思っている。

「差別用語事典」は未完で終わるかもしれないが、それとセットで出版計画された本書は、江上茂さんの無念を晴らす鎮魂の書となるとともに、差別用語問題の指針として永く世の中に役立つことを、願ってやまない。

江上茂（えがみ　しげる）
1934年1月　東京生まれ。
1956年　東京国語大学英米科卒業、ニッポン放送入社、報道部勤務。
1964年　テレビ東京（当時東京１２チャンネル）入社、報道部勤務、ニュース、英語ニュースなどを担当。スポーツ局に異動、テニス・スキー番組、囲碁・将棋番組などを担当。
1970年　民放労連常任中央執行委員。
1991年　テレビ東京定年退職、その後フリーで執筆活動。
2003年　大動脈出血により死去、享年６８歳。
著書『差別用語』汐文社、1975年（編者）。
　　『続・差別用語』汐文社、1992年（ペンネーム・山中央）。

差別用語を見直す――マスコミ界・差別用語最前線

2007年8月20日　初版第1刷発行

著者　江上　茂
発行者　平田　勝
発行　花伝社
発売　共栄書房
〒101-0065　東京都千代田区西神田2-7-6 川合ビル
電話　03-3263-3813
FAX　03-3239-8272
E-mail　kadensha@muf.biglobe.ne.jp
URL　http://www.kadensha.net
振替　00140-6-59661
装幀　澤井洋紀
印刷・製本　中央精版印刷株式会社

©2007 江上茂
ISBN978-4-7634-0499-2 C0036
JASRAC 出 0710370-701

花伝社の本

放送を市民の手に
―これからの放送を考える―
メディア総研からの提言
メディア総合研究所　編
定価（本体 800 円＋税）

●メディアのあり方を問う！
本格的な多メディア多チャンネル時代を迎え、「放送類似サービス」が続々と登場するなかで、改めて「放送とは何か」が問われている。巨大化したメディアはどうあるべきか？ホットな問題に切り込む。
メディア総研ブックレット No. 1

情報公開とマスメディア
―報道の現場から―
メディア総合研究所　編
定価（本体 800 円＋税）

●改革を迫られる情報公開時代のマスコミ
情報公開時代を迎えてマスコミはどのような対応が求められているか？　取材の対象から取材の手段へ。取材の現状と記者クラブの役割。閉鎖性横並びの打破。第一線の現場記者らによる白熱の討論と現場からの報告。
メディア総研ブックレット No. 2

V チップ
―テレビ番組遮断装置は是か非か―
メディア総合研究所　編
定価（本体 800 円＋税）

●暴力・性番組から青少年をどう守るか？
V チップは果たして効果があるのか、導入にはどのような問題があるか。V チップを生み出した国―カナダの選択／アメリカ V チップ最前線レポート／対論―今なぜ V チップ導入なのか（蟹瀬誠一、服部孝章）
メディア総研ブックレット No. 3

テレビジャーナリズムの作法
―米英のニュース基準を読む―
小泉哲郎
定価（本体 800 円＋税）

●報道とは何か
激しい視聴率競争の中で、「ニュース」の概念が曖昧になり「ニュース」と「エンターテイメント」の垣根がなくなりつつある。格調高い米英のニュース基準をもとに、日本のテレビ報道の実情と問題点を探る。
メディア総研ブックレット No. 4

誰のためのメディアか
―法的規制と表現の自由を考える―
メディア総合研究所　編
定価（本体 800 円＋税）

●包囲されるメディア――メディア規制の何が問題か？急速に浮上してきたメディア規制。メディアはこれにどう対応するか。報道被害をどう克服するか。メディアはどう変わらなければならないか――緊迫する状況の中での白熱のパネル・ディスカッション。パネリスト――猪瀬直樹、桂敬一、田島泰彦、塚本みゆき、畑衆、宮台真司、渡邊眞次。
メディア総研ブックレット No. 6

いまさら聞けない デジタル放送用語事典 2004
メディア総合研究所 編
定価 (本体 800 円 + 税)

●デジタル世界をブックレットに圧縮
CS 放送、BS 放送に続いて、いよいよ 2003 年から地上波テレビのデジタル化が始まった。だが、視聴者を置き去りにしたデジタル化は混迷の度を深めるばかりだ。一体何が問題なのか。デジタル革命の深部で何が起こっているか？200 の用語を一挙解説。
メディア総研ブックレット No. 9

放送中止事件 50 年
―テレビは何を伝えることを拒んだか―
メディア総合研究所 編
定価（本体 800 円＋税）

●闇に葬られたテレビ事件史
テレビはどのような圧力を受け何を伝えてこなかったか。テレビに携わってきた人々の証言をもとに、闇に葬られた番組の概要と放送中止に至った経過をその時代に光を当てながら検証。
メディア総研ブックレット No.10

新スポーツ放送権ビジネス最前線
メディア総合研究所　編
定価（本体 800 円＋税）

●空前の高騰を続けるスポーツ放送権料。
テレビマネーによるスポーツ支配。だれでもが見たいスポーツを見る権利はどうなる？
メディア総研ブックレット No.11

花伝社の本

超監視社会と自由
―共謀罪・顔認証システム・住基ネットを問う―
田島泰彦、斎藤貴男　編
定価（本体 800 円＋税）

●空前の監視社会へとひた走るこの国で
街中のカメラ、携帯電話に各種カード、これらの情報が住基ネットを介して一つに結びつけば、権力から見て、私たちの全生活は丸裸も同然。オーウェル『1984 年』のおぞましき未来社会はもう目前だ。人間の尊厳と自由のためにも、共謀罪は認められない。

「知る権利」と憲法改正
知る権利ネットワーク関西　編
定価（本体 800 円＋税）

●「知る権利」とは
「知る権利」は、自民党新憲法草案に盛り込まれたのか？　憲法改正論議の中で、改めて「知る権利」を問う。奥平康弘（東大名誉教授）講演録を収録。

メディアスクラム
―集団的過熱取材と報道の自由―
鶴岡憲一
定価（本体 1800 円＋税）

●集団的過熱取材対策はどうあるべきか
過熱取材に向かう競争本能――メディアはどう対応すべきか？　北朝鮮拉致被害者問題は、どのように報道されたか。メディアの対応の具体的検証を通して、報道の在り方を考える。著者は、元・読売新聞記者。

これでいいのか情報公開法
―霞が関に風穴は開いたか―
中島昭夫　元・朝日新聞記者
定価（本体 2000 円＋税）

●初の詳細報告――情報公開法の運用実態
劇薬の効果はあったか？　施行から 4 年―現行法は抜本改革が必要ではないのか？　新聞記者として、情報公開法の積極的な活用に取り組んだ体験を通して浮かび上がってきた、同法の威力と限界、その仕組みと問題点、改善の望ましい方向についてのレポート。

新聞があぶない
―新聞販売黒書―
黒薮哲哉
定価（本体 1700 円＋税）

●新聞界のタブーを暴く
読者のいない新聞＝「押し紙」が 3 割、1000 万部！異常な拡販戦争の実態。無権利状態の新聞販売店主。自民党新聞懇話会、日本新聞販売協会政治連盟を通じた政権政党との癒着……。新聞はなぜ保守化したか。新聞の闇を追う。

スポーツを殺すもの
谷口源太郎
定価（本体 1800 円＋税）

●スポーツの現状を痛烈に切る！
スポーツ界に蔓延する商業主義、金権体質。スポーツは土建国家の手段か？　欲望産業になったスポーツ界を沈着冷静に観察分析した「反骨のスポーツライター」のたしかな報告。

やさしさの共和国
―格差のない社会にむけて―
鎌田　慧
定価（本体 1800 円＋税）

●酷薄非情の時代よ、去れ――気遣いと共生の時代よ来たれ！
小泉時代に吹き荒れた強者の論理。日本列島のすみずみに拡がった格差社会。いまの社会でない社会をどう目指すのか？　どんな社会や生き方があるのか……時代の潮目に切り込む評論集。

情報戦の時代
―インターネットと劇場政治―
加藤哲郎
定価（本体 2500 円＋税）

●情報戦としての現代政治
インターネットは、21 世紀の政治にどのような可能性を切り開いたか？　インターネットと民衆。情報政治学の提唱。